ナチュラル・ライフシリーズ

シミぬき大事典

Natural
Stain
Removal
Secrets

ブロンズ新社

はじめに

こぼしてもシミにしないために
Don't Let a Spill Put You on the Spot

　なにかをこぼすと、誰でもパニックになってしまいます。こぼした瞬間に、どう決断して、どんな行動をとるかで、そのうち忘れてしまうようなちょっとした失敗ですむのか、後々まで後悔しつづけるものに変わるかが決まります。
　私は、人生にふりかかるさまざまなシミに対処する手助けができれば、という思いでこの本を書きました。
　この本では、できるだけ安全でナチュラルな方法で、シミを最小限にとどめるためのコツとテクニックについて書きました。それぞれのシミの落とし方は、シミごとに説明します。複数の落とし方がある場合は、安全なものから強いものへという順番で落とし方を並べましたので、参考にしてください。
　また、シミぬきに使う材料や道具のリストも用意しました。おうちにあるものもあれば、新たに用意しなければいけないものもあると思います。自分にとってどれが必要か、考えてみてください。
　シミぬきは、基本的には化学の応用です。シミの原因となるものに、シミぬきの材料がうまく溶けると、シミをきれいに落とすことができます。つまり、シミの原因になるものを溶かしてしまえば、シミは落とすことができるのです。

高校の化学の先生は口をそろえて「似たものは似たものに溶ける」といいます。だから、水性のシミには水が効き、一方、油性のシミは油で処理したほうがうまくいくのです（最後に、残った油を洗剤で落とす作業は必要ですが……）。
でも、染料やインク、ペンキといった複数の化学物質を合成させたもののシミを溶かすことは、なかなか至難の業。強い化学薬品が必要という場合もあります。
たとえば、クッションやカーテンについた赤いマニキュアを、どこまで頑張って落とすかは、あなた自身の判断です。「まあいいか……」と思えるシミなら、そのままにするという方法もありますし、除光液に耐えられる素材なら、除光液を使ってしまうという方法もあります。一方、ナチュラルからは程遠いことを認識したうえで、あえてプロに落としてもらうという方法もあります。
そこそこ強い化学薬品を使ってもシミを落としたいのか、ついたままでも仕方がないと、あきらめられるのか、決めるのはあなた自身なのです。

デボラ・マーティン

訳者まえがき

シミぬきってお掃除みたい……
それが、この本を読んだ第一印象でした

「シミぬきはpHの問題」——著者デボラ・マーティンは本書の中で、そういっています。
「シミの正体がわかれば、それとは逆のpHの材料で落とす。色素で染まってしまったものは、漂白作用のあるもので脱色する。基本のパターンはこのふたつ」なんだと。
なんだかお掃除みたい……それが、この本を読んだ私の最初の感想でした。まずはシミの種類を特定して、それがなにについているかを確認し、シミの正体と、ついたものの性質に応じて、やさしくシミを落としていけばいいというのです。
おそらく、シミぬきでも、掃除でも、洗濯でも、汚れを落とす時の基本は、みな同じなのでしょう。そうわかった時、いつもシミぬきに手こずっていた私は、ぐっと気持ちが楽になったのです。
とはいっても、実際のシミは、タンパク質だけとか、油だけ、という具合にはいきません。果物に砂糖がまざっていたり、油とタンパク質が一緒になっていたりと、シミのほとんどは「複合的なシミ」なのです。そこで、シミを構成している要素はなんなのか、シミがついたものの性質はなんなのか、を考えて、１つずつ落としていくことが大切になってきます。
この本には１つのシミを落とすにも、いろいろな方法がナチュラル度の高いものから順に紹介されています。まずはこの方法でシミを

落とす、それがダメならこっちを……それでもダメならこの方法を……という具合に、いくつかの方法が出てきますので、状況に応じて、いろいろ試してみてください。

なかなか落ちないシミを、なにがなんでも落とそうとすると、時として、ナチュラルとはいいがたいものを使わなければならないことがあります。引火性が強かったり、布地を傷めてしまうかもしれない化学薬品を使う必要も出てきます。実際、本文の中には除光液をはじめ、「これってナチュラル？」と首を傾げたくなるものを使ってシミを落とす方法も紹介されています。それらの方法は、強い化学薬品を使っても、どうしてもシミを落としたい思う時に、覚悟を決めてトライしてみてください。

原著はアメリカで発行されたものですから、この本に登場するすべての材料や道具が日本で手軽に、安価に入手できるというわけではありません。そこで、できるだけ、日本の読者の皆さんが、実際に使っていただける本にするために、シミぬきの材料の一部を、日本で入手しやすいものにかえるなど、日本の現状に合わせました。また、日本とはちょっと違うアメリカのシミぬき事情に関しても、説明を加えましたので、ご一読ください。

佐光 紀子

もくじ

はじめに......2
訳者まえがき......4
もくじ......6

ナチュラルなシミぬきのポイントと材料・道具

なぜナチュラルなシミぬきがいいの?......16
ナチュラルなシミぬきのために......18
ナチュラルなシミぬきのポイント......22
● **シミぬきの道具**......26
　古布......26
　ブラシ......26
　スプレー容器......26
　計量カップ......26
　計量スプーン......27
　スプーン......27
　バケツ......27
　たらい......28
● **シミを落とす材料（研磨剤）**......28
　重曹......28
　塩......28
　クリームオブタータ......29
　消しゴム......29
● **シミを吸いとる材料（吸収剤）**......30
　ほう砂......30
　コーンスターチ......30
　猫砂......30
● **シミの色をぬく材料（漂白剤）**......31
　漂白剤......31
　レモン......31
　オキシドール......32
● **シミの原因を溶かす材料（溶剤）**......32
　台所用中性洗剤......32
　石けん......33
　炭酸水......33
　酵素洗剤......33
　酢......34
　グリセリン......34
　ワセリン......34
　植物油......34
　アンモニア......35
　変性アルコール......35
　炭酸ナトリウム......36
　除光液......36
　イソプロピルアルコール......36
　ヘアスプレー......37
　WD-40......38

食べ物のシミ

● **卵**......42
　洗える布についた場合......42
　カーペットについた場合......43
　インテリアの布についた場合......44
● **カレー**......45
　洗える布についた場合......45
　カーペットについた場合......45
　インテリアの布についた場合......46
● **クリームスープ**......47
　洗える布についた場合......47
　カーペットについた場合......47
　インテリアの布についた場合......48
● **トマトスープ**......49
　洗える布についた場合......49
● **トマトソース**......50
　洗える布についた場合......50

- **パスタソース** **51**
  - 洗える布についた場合 51
  - カーペットについた場合 52
- **ステーキソース** **53**
  - 洗える布についた場合 53
  - カーペットについた場合 54
- **バーベキューソース** **55**
  - 洗える布についた場合 55
  - カーペットについた場合 56
- **グレイビーソース** **57**
  - 洗える布についた場合 57
  - カーペットについた場合 58
  - インテリアの布についた場合 59
- **肉汁** **60**
  - 洗える布についた場合 60
  - カーペットについた場合 61
  - インテリアの布についた場合 61
- **フルーツ** **62**
  - 洗える布についた場合 62
  - 色落ちしない洗える布についた場合 63
  - カーペットについた場合 64
  - インテリアの布についた場合 64
- **イチゴ** **65**
  - 洗える布についた場合 65
- **ビーツ** **67**
  - 洗える布についた場合 67
  - 色落ちしない洗える布についた場合 68
- **トマト** **68**
  - 洗える布についた場合 68
- **ケチャップ** **69**
  - 洗える布についた場合 69
  - カーペットについた場合 70
- **マスタード** **71**
  - 洗える布についた場合 71
  - カーペットについた場合 73
  - インテリアの布についた場合 73
- **ジャム** **74**
  - 洗える布についた場合 74
  - カーペットについた場合 75
  - インテリアの布についた場合 76
  - コットンや麻についた場合 76
- **バター** **77**
  - 洗える布についた場合 77
  - カーペットについた場合 77
  - インテリアの布についた場合 78
- **マーガリン** **78**
  - 洗える布についた場合 78
  - カーペットについた場合 79
  - インテリアの布についた場合 79
- **しょうゆ** **80**
  - 洗える布についた場合 80
- **ヨーグルト** **82**
  - 洗える布についた場合 82
- **アイスクリーム** **83**
  - 洗える布についた場合 83
- **チョコレートアイスクリーム** **83**
  - 洗える布についた場合 83
  - カーペットについた場合 84
  - インテリアの布についた場合 84
- **フルーツアイスクリーム** **85**
  - 洗える布についた場合 85
- **ミルクチョコレート** **85**
  - 洗える布についた場合 85
- **ダークチョコレート** **86**
  - 洗える布についた場合 86
  - 色落ちしない洗える布についた場合 87

もくじ

カーペットについた場合……87
インテリアの布についた場合……88
- **キャンディ**……88
  洗える布についた場合……88
  カーペットについた場合……89
  インテリアの布についた場合……90
- **ガム**……91
  洗える布についた場合……91
  カーペットについた場合……92
  インテリアの布についた場合……92
  靴についた場合……93
  家具などの木製品についた場合……93
- **シロップ**……94
  洗える布についた場合……94

飲み物のシミ

- **赤ワイン**……96
  洗える布についた場合……96
  コットンや麻についた場合……97
  カーペットについた場合……97
  インテリアの布についた場合……98
  大理石の暖炉についた場合……98
- **白ワイン**……99
  洗える布についた場合……99
- **ビール**……100
  洗える布についた場合……100
  カーペットについた場合……100
  インテリアの布についた場合……102
- **アルコール飲料**……103
  洗える布についた場合……103
  カーペットについた場合……103
  インテリアの布についた場合……104

家具などの木製品についた場合……105
- **コーヒー**……106
  洗える布についた場合……106
  洗えない布についた場合……107
  カーペットについた場合……107
  インテリアの布についた場合……108
  コーヒーポットについた場合……109
  コーヒーカップについた場合……109
  カラフェについた場合……110
  大理石の暖炉についた場合……110
  大理石または人造大理石の
  　カウンターについた場合……110
- **紅茶**……111
  洗える布についた場合……111
  コットンや麻についた場合……112
  洗えない布についた場合……112
  カーペットについた場合……113
  インテリアの布についた場合……114
  大理石の暖炉についた場合……115
  大理石または人造大理石の
  　カウンターについた場合……115
  ティーカップについた場合……116
- **牛乳**……116
  洗える布についた場合……116
- **ソフトドリンク**……117
  洗える布についた場合……117
  カーペットについた場合……118
- **コーラ**……119
  洗える布についた場合……119
  カーペットについた場合……120
  インテリアの布についた場合……120
- **スポーツドリンク**……121
  洗える布についた場合……121

カーペットについた場合⋯⋯⋯⋯122
　　インテリアの布についた場合⋯⋯123
●**トマトジュース**⋯⋯⋯⋯⋯⋯⋯⋯**124**
　　洗える布についた場合⋯⋯⋯⋯⋯124
●**フルーツジュース**⋯⋯⋯⋯⋯⋯**126**
　　洗える布についた場合⋯⋯⋯⋯⋯126
　　コットンや麻についた場合⋯⋯⋯127
　　カーペットについた場合⋯⋯⋯⋯127
　　インテリアの布についた場合⋯⋯128
●**粉ジュース**⋯⋯⋯⋯⋯⋯⋯⋯⋯⋯**129**
　　洗える布についた場合⋯⋯⋯⋯⋯129
　　カーペットについた場合⋯⋯⋯⋯129
　　インテリアの布についた場合⋯⋯130

排泄物・分泌物のシミ

●**血液**⋯⋯⋯⋯⋯⋯⋯⋯⋯⋯⋯⋯⋯**132**
　　洗える布についた場合⋯⋯⋯⋯⋯132
　　カーペットについた場合⋯⋯⋯⋯133
　　インテリアの布についた場合⋯⋯134
　　マットレスについた場合⋯⋯⋯⋯135
●**汗**⋯⋯⋯⋯⋯⋯⋯⋯⋯⋯⋯⋯⋯⋯**136**
　　洗える布についた場合⋯⋯⋯⋯⋯136
　　ウールやシルクについた場合⋯⋯137
●**汚れの首輪**⋯⋯⋯⋯⋯⋯⋯⋯⋯⋯**138**
　　洗える布についた場合⋯⋯⋯⋯⋯138
●**嘔吐物**⋯⋯⋯⋯⋯⋯⋯⋯⋯⋯⋯⋯**138**
　　洗える布についた場合⋯⋯⋯⋯⋯138
　　カーペットについた場合⋯⋯⋯⋯139
　　インテリアの布についた場合⋯⋯140
●**赤ちゃんのミルク**⋯⋯⋯⋯⋯⋯**140**
　　洗える白い布についた場合⋯⋯⋯140
　　洗える色柄ものの布についた場合⋯141

●**尿**⋯⋯⋯⋯⋯⋯⋯⋯⋯⋯⋯⋯⋯⋯**142**
　　洗える布についた場合⋯⋯⋯⋯⋯142
　　カーペットについた場合⋯⋯⋯⋯142
　　インテリアの布についた場合⋯⋯143
●**便**⋯⋯⋯⋯⋯⋯⋯⋯⋯⋯⋯⋯⋯⋯**144**
　　カーペットについた場合⋯⋯⋯⋯144
　　インテリアの布についた場合⋯⋯145
●**手あか**⋯⋯⋯⋯⋯⋯⋯⋯⋯⋯⋯⋯**145**
　　壁紙についた場合⋯⋯⋯⋯⋯⋯⋯145
　　ペンキの壁についた場合⋯⋯⋯⋯146
●**ペットの尿**⋯⋯⋯⋯⋯⋯⋯⋯⋯⋯**146**
　　カーペットについた場合⋯⋯⋯⋯146
　　インテリアの布についた場合⋯⋯147
●**ペットの嘔吐物**⋯⋯⋯⋯⋯⋯⋯⋯**148**
　　カーペットについた場合⋯⋯⋯⋯148

文房具のシミ

●**ボールペンのインク**⋯⋯⋯⋯⋯⋯**150**
　　洗える布についた場合⋯⋯⋯⋯⋯150
　　皮革製品についた場合⋯⋯⋯⋯⋯152
　　カーペットについた場合⋯⋯⋯⋯152
　　インテリアの布についた場合⋯⋯152
　　プラスチックについた場合⋯⋯⋯153
　　壁紙についた場合⋯⋯⋯⋯⋯⋯⋯153
●**サインペンのインク**⋯⋯⋯⋯⋯⋯**154**
　　洗える布についた場合⋯⋯⋯⋯⋯154
　　カーペットについた場合⋯⋯⋯⋯155
　　インテリアの布についた場合⋯⋯155
●**万年筆のインク**⋯⋯⋯⋯⋯⋯⋯⋯**156**
　　洗える布についた場合⋯⋯⋯⋯⋯156
　　ウールやシルクについた場合⋯⋯156
　　カーペットについた場合⋯⋯⋯⋯157

もくじ

　インテリアの布についた場合……157
　皮革製品についた場合……158
● **水性マーカー**……**158**
　洗える布についた場合……158
　カーペットについた場合……159
　インテリアの布についた場合……160
　家電製品についた場合……160
　家具などの木製品についた場合……161
　プラスチックについた場合……162
● **油性マーカー**……**163**
　洗える布についた場合……163
　壁紙についた場合……164
● **油性マジック**……**165**
　洗える布についた場合……165
● **クレヨン**……**166**
　壁紙についた場合……166
　洗える布についた場合……167
　カーペットについた場合……168
　インテリアの布についた場合……168
　コンクリートについた場合……169
● **鉛筆**……**169**
　洗える布についた場合……169
　壁紙についた場合……170
　家具などの木製品についた場合……170
　プラスチックについた場合……170
　ペンキの壁についた場合……170
● **油絵の具**……**171**
　洗える布についた場合……171
　カーペットについた場合……171
　インテリアの布についた場合……172
　肌についた場合……172
● **水彩絵の具**……**173**
　洗える布についた場合……173
　カーペットについた場合……174
● **接着剤**……**175**
　洗える布についた場合……175
　家具などの木製品についた場合……175
　肌についた場合……176
● **糊**……**176**
　洗える布についた場合……176
　カーペットについた場合……177
　インテリアの布についた場合……177
● **シール**……**178**
　洗える布についた場合……178
　家具などの木製品についた場合……179
● **転写シール**……**179**
　洗える布についた場合……179
　家具などの木製品についた場合……180
● **チョーク**……**180**
　洗える布についた場合……180

化粧品・薬品のシミ

● **口紅**……**182**
　洗える布についた場合……182
● **ファンデーション**……**183**
　洗える布についた場合……183
　濃い色の洗える布についた場合……184
　カーペットについた場合……184
● **アイシャドー**……**186**
　洗える布についた場合……186
　濃い色の洗える布についた場合……187
　カーペットについた場合……187
● **マスカラ**……**188**
　洗える布についた場合……188
　カーペットについた場合……189

- **チーク** ... 190
  - 洗える布についた場合 ... 190
  - 濃い色の洗える布についた場合 ... 191
  - カーペットについた場合 ... 192
- **マニキュア** ... 193
  - 洗える布についた場合 ... 193
  - カーペットについた場合 ... 193
  - タイルについた場合 ... 195
  - ワックスをかけた床についた場合 ... 195
- **日焼け止め** ... 196
  - 洗える布についた場合 ... 196
- **香水** ... 197
  - 洗える布についた場合 ... 197
  - ウールやシルクについた場合 ... 198
- **薬** ... 199
  - 洗える布についた場合 ... 199
  - カーペットについた場合 ... 199
  - インテリアの布についた場合 ... 199
- **靴磨き用クリーム** ... 200
  - 洗える布についた場合 ... 200
  - カーペットについた場合 ... 201
  - インテリアの布についた場合 ... 202

アウトドアのシミ

- **花粉** ... 204
  - 布についた場合 ... 204
- **草の汁** ... 205
  - 洗える布についた場合 ... 205
- **泥** ... 207
  - 洗える布についた場合 ... 207
  - カーペットについた場合 ... 208
  - インテリアの布についた場合 ... 208
  - スエードについた場合 ... 209
- **油のまざった泥** ... 209
  - 洗える布についた場合 ... 209
- **車のグリース** ... 211
  - 洗える布についた場合 ... 211
  - カーペットについた場合 ... 212
  - インテリアの布についた場合 ... 212
  - 洗えない布についた場合 ... 213
  - スエードについた場合 ... 213
  - コンクリートについた場合 ... 214
  - 壁紙についた場合 ... 214
  - 本についた場合 ... 215
- **キャスターの跡** ... 216
  - フローリングについた場合 ... 216
  - ビニールの床についた場合 ... 217
- **ペンキ** ... 218
  - 洗える布についた場合 ... 218
  - カーペットについた場合 ... 218
  - タイルについた場合 ... 219
  - ワックスをかけた床についた場合 ... 220
  - 仕上げのしてある木についた場合 ... 221
  - 鏡についた場合 ... 221
  - 窓についた場合 ... 222
- **アクリル塗料** ... 223
  - 洗える布についた場合 ... 223
  - カーペットについた場合 ... 224
  - インテリアの布についた場合 ... 224
- **ラテックス塗料** ... 225
  - 洗える布についた場合 ... 225
  - カーペットについた場合 ... 225
  - インテリアの布についた場合 ... 226
  - 窓についた場合 ... 226
- **鳥の糞** ... 227

もくじ

　洗える布についた場合……………227
　キャンバス地についた場合…………228
- **ハエの糞**……………………………**229**
　窓についた場合………………………229
- **エンジンオイル**……………………**229**
　コンクリートについた場合…………229

その他のシミ

- **カビ**…………………………………**232**
　洗える布についた場合………………232
　バスルームの目地についた場合……233
　シャワーカーテンについた場合……233
　家具の表面についた場合……………234
　インテリアの布についた場合………234
　本についた場合………………………235
　皮革製品についた場合………………235
- **サビ**…………………………………**236**
　洗える布についた場合………………236
　陶器のバスタブについた場合………237
　陶器のシンクについた場合…………238
　ステンレスのシンクについた場合…240
　便器についた場合……………………240
　カウンタートップについた場合……241
　ポットについた場合…………………241
　ナイフについた場合…………………242
　調理器具についた場合………………242
　クロームメッキについた場合………242
　スレートについた場合………………243
　コンクリートについた場合…………243
- **金属の変色**…………………………**244**
　真鍮・ブロンズ・銅についた場合…244
　銀器についた場合……………………245

　銀のアクセサリーについた場合……245
- **こげつき**……………………………**246**
　カーペットについた場合……………246
　家具などの木製品についた場合……247
　レンガ・石についた場合……………247
　ビニールタイルについた場合………248
- **焼けこげ**……………………………**248**
　洗える布についた場合………………248
　コットンや麻についた場合…………249
　インテリアの布についた場合………250
- **スス**…………………………………**251**
　洗える布についた場合………………251
　ウールやシルクについた場合………252
　カーペットについた場合……………252
　インテリアの布についた場合………252
　暖炉や薪ストーブのまわりの
　　石についた場合……………………253
- **壁の油ジミ**…………………………**253**
　壁紙についた場合……………………253
- **コールタール**………………………**254**
　洗える布についた場合………………254
　カーペットについた場合……………254
　車についた場合………………………255
　プラスチックについた場合…………255
- **水あか**………………………………**256**
　シャワールームの壁についた場合…256
　バスタブについた場合………………256
　水まわりについた場合………………256
- **水滴**…………………………………**257**
　木のテーブルについた場合…………257
　プラスチックについた場合…………257
　花瓶の内側についた場合……………258
　ウールやシルクについた場合………258

洗えない布についた場合	258
皮革製品についた場合	259
スエードについた場合	259

● **ロウソクのロウ** ... **260**
   洗える布についた場合 260
   カーペットについた場合 261
   インテリアの布についた場合 262
   塗装のしてある木についた場合 263

● **ヨード** ... **264**
   洗える布についた場合 264

● **正体不明のシミ** ... **266**
   洗える布についた場合 266

   壁紙についた場合 266
   カーペットについた場合 267

● **ラッカー** ... **268**
   洗える布についた場合 268
   カーペットについた場合 269
   タイルについた場合 270
   ワックスをかけた床についた場合 ... 270

● **漂白剤** ... **271**
   洗える布についた場合 271

訳者あとがき 272
50音順索引 274

ナチュラルな
シミぬきの
ポイントと
材料・道具

なぜナチュラルなシミぬきがいいの？

シミぬきがナチュラルなほうがいい理由は、いろいろあります。

まず第一に、家族の健康です。化学物質を使ったら、必ず問題があるとか危険だというわけではありませんし、ナチュラルなものならまったくリスクがないかというと、そういうわけでもありません。

とはいえ、パワフルなものの多くは、使用にあたってたくさんの注意事項があるわけで、それほど注意を払わなければならないなら、できるだけ使わないに越したことはないかな……と私は思います。

化学物質過敏症への問題意識も高まってきていますし、特に過敏症の人たちにとっては、医療面から考えても、毒性のある化学物質にふれないようにすることは、とても大切なことです。

節約面でも、ナチュラルなものはオススメです。ナチュラルなシミぬきで使う材料の多くは、すでに家にあるものですし、市販の洗剤に比べると安上がりです。たとえば重曹は、研磨効果のある安全なクレンザーで、いろいろなものの表面についたシミをやさしく落とします。そのうえ、こぼれた液体を吸収し、酸性のシミを中和してくれます。市販の液体洗剤の小さなボトルとほぼ同じ値段で、大量の重曹が買えます。おまけに、市販の洗剤よりずっと多種多様なことに使うことができるのです。

家にあるものを使えば、ドラッグストアに買いに走ったり、買い物の途中でいろいろな商品の違いを考えたりすることもなく、すぐに作業をはじめることができます。

環境にやさしいというのも、ナチュラルな方法を選ぶ大切な理由です。たとえば、以前、一般家庭で使われていた洗濯洗剤には、リン酸塩が入っていました。布を白く明るく仕上げるための化学物質です。各家庭で、リン酸塩の入った洗剤の使用が増え、リン酸塩をすすいだ水が排出されました。川へと流れこんだリン酸塩が藻の発生を促し、大量に発生した藻は、とうとうあちこちの水路の息の根をとめるまでに増えつづけたのです。でも洗剤に使われているリン酸塩と、詰まってよどんでしまった川との因果関係がわかるまでには、何年もかかりましたし、水路を元の状態に戻すまでには、そこからさらにまた何年もかかったのです。

最初は安全だと考えられたものが、後に環境（と人間の健康）を危険にさらすことがわかったという例は、ほかにもいろいろあります。ナチュラルなシミぬきならば、すべてが無害というわけではありませんが、市販の洗剤の多くに使われている複雑な化学物質に比

べれば、環境への害ははるかに少ないのです。
また、矛盾しているようですが、うまくシミを落とすのに大切なのは、スピードと根気です。なにかをこぼしてしまったら、被害を最小限に食いとめるために、さっさと行動しなければなりません。正しい方法で、根気よく落とせば、ちょっとこぼれた程度のものは、シミにならずにすみます。要するに、手早く、でも、手を抜かずに作業をしなければならないというわけです。とはいっても、実際にやってみると、それほどむずかしくはありません。まずは、はじめてみてください。

ナチュラルなシミぬきのために……

1 シミの種類を知ろう

ナチュラルなシミぬきで一番大切なのは、それがどんなシミなのかを把握することです。一般的に、シミは次の5つのグループに分けられますので、それぞれのグループの特性と対処法を知っておくと、ナチュラルなシミぬきがぐんと楽になります。

● タンパク質のシミ

動物の体から出るものが原因のシミは、タンパク質のシミです。血液や体液、排出物のほか、乳製品や、卵、ゼラチン、肉汁などのシミが、このグループに入ります。

これらのシミを落とすのは、熱を加えなければ、さほどむずかしいことではありません。肉を焼いたり、タマゴを熱湯に入れた時の変化を考えればわかるように、タンパク質は熱が加わることで、化学構造が変わってしまいます。また、牛乳に、酢やレモンなど酸性の物質を加えても、同じようなことがおこります。

タンパク質のシミは、熱や酸が加わることで固まり、ますますとれにくくなってしまいますから、シミがついたら、まず水洗いをします。直接洗える布地なら、水をたっぷり使って洗いながしてしまいましょう。シミが残ってしまった場合は、しばらく水につけておくという方法もあります。

タンパク質のシミのほとんどは「水洗い」と覚えておいて間違いはありません。ただし、まれに例外もあり、固まってしまった糊の場合は温めてとり、便がついた場合はお湯で洗います。

また、タンパク質とひと口にいってもいろいろな性質のものがありますが、酸性のものが多いといわれています。そこで、タンパク質のシミは、一般的には中性から弱アルカリの洗剤を使うとスムーズに落とすことができます。「タンパク質消化酵素」を使うのも効果的です。酵素の入った洗剤は、自然食品店や天然成分の洗剤を扱っているところで手に入ります。肉を軟化させるのに使う「食肉軟化剤」を使う方法もあります。この場合は、調味料が入っていないものを選んでください。

● タンニンのシミ

植物から出るものが原因のシミは、タンニンのシミです。果物や野菜の汁のほか、コーヒーや紅茶、ワインなどのシミが、このグループに入ります。

タンニンのシミは、落ちにくいことが特徴です。そもそも、人類がはじめて使った染料や絵の具の多くはタンニンですし、「タンニン」の語源も、その昔、皮革の耐久性と耐水性をよくす

るために、複数の植物の成分で皮革をなめすことを「タンニング」とよんだところからきています。
一見手強そうなタンニンですが、楽に落とす方法があります。タンニンのシミは水溶性ですから、大量の水か、水に少量の酢を加えた酢水で洗いながせば、たいがいのシミは落とすことができるのです。
ポイントは「水」を使うということ。タンニンのシミと一緒につくことが多い糖類は、熱を加えることでとれなくなってしまうからです。煮沸する場合もありますが、これはグツグツ煮詰めても大丈夫な丈夫な布にだけ使える手段です。
実際、タンニンのシミの中には、とても落ちにくいものもあり、時間がたてばたつほど、落ちにくくなってしまいます。漂白剤でしかとれないといった事態にならないためには、すぐに処置することが大切です。落ちにくい性質があるからこそ、昔の人たちは絵の具や布を染めるのに、タンニンを利用したことをお忘れなく。

● 油性のシミ
油が原因のシミは、油性のシミです。自動車のグリースや油、お料理の油汚れ、ローションやクリームなどのシミが、このグループに入ります。

これらはついたとたんに浸透して、繊維の中にしみついてしまうやっかいな代物です。でも、洗える素材についた場合、ちょっとした下処理をすれば、たいがいのシミは落とすことができます。
まず高温のお湯で洗い、シミの成分が凝固するのを防ぎます。それから石けんを使って汚れを浮きあがらせ、後はいつものように洗います。
表面の状態によっては、油を吸いとることからはじめたほうがよい場合もあります。広い範囲にこぼれてしまった油の場合は、重曹やコーンスターチ、塩、猫砂、おがくずなどを振りかけて、油分を吸いとるといいでしょう。一度吸いとってから拭きとるという作業を何度もくり返さなければならない場合もあれば、数時間放置しておく場合もあり、なかなか根気がいる作業です。
油性のシミは、完全に落とさないと、泥や汚れを吸着してしまうこともあるので、しっかり落としておきましょう。実際、土や染料などのシミと一緒になったグリースを落とすのは、かなり面倒です。
油のシミは、さらに車のグリースなどの石油系、バターなどの動物性、植物油など植物性に分けられますが、中でも石油系の油ジミは、特に落ちにくいのでやっかいです。どうしても完璧に

シミを落としたい場合は、パワーの強い洗剤を使わなければいけないこともあります。

● 染料のシミ
染料が原因のシミは染料のシミです。ハンドバックが色落ちした時に出る染料やフェルトペンのインク、食紅、靴磨きクリームなどのシミがこのグループに入ります。
シミの中でも、おそらく一番落としにくいのが、染料のシミです。それもそのはず、もともと半永久的に色をつけるために、意図的につくられたものなのですから。
染料のシミは、複数の化学物質を合成したものですから、効果的な落とし方があると考えるのは危険です。たとえば、がんこなシミによく効く対処法として、沸騰したお湯を用いる方法がありますが、フルーツジュースやキャンディ、粉末ジュースなど、砂糖が入っているものに熱を加えると、染料のシミは消えても、砂糖のシミが黄ばみとして残ってしまうことになります。
また、クレヨンや化粧品などは染料に油が含まれていますし、色鮮やかなゼリーはゼラチンが材料でタンパク質が含まれています。ですから、シミの要素を１つひとつ分けて考え、ていねいに落とすことが大切です。

シミを完全に落とすには、溶剤や漂白剤の力を借りなくてはならない場合もあります。

2　生地の特徴を知ろう
衣類についている洗濯表示には、シミぬきの際にすべきことや、してはいけないことが書いてあります。
まず最初に確認しなければいけないのは、漂白剤が使えるかどうかです。どんな漂白剤なら使えるか、塩素系はだめ、漂白剤は一切使えないなどのマークがついています。
どんな布だかよくわからないという時は、タグについたマークと生地の種類別の扱い方を参考に、シミぬきをしてください。
● アセテート
酢、アルコール、アセトンで生地が傷むことがあります。また、高温に弱いのが特徴です。
● アクリル
高温に弱いのが特徴です。
● コットン
酸で繊維が傷むことがあるので、酢にはつけないこと。
● 麻
酸で繊維が傷むことがあるので、酢にはつけないこと。
● ナイロン
シミがつきにくい生地ですが、多少高

温に弱いのが特徴です。
- ポリエステル

シミはつきにくい生地ですが、油のシミには弱く、高温に弱いのも特徴です。
- ラミー

酸で繊維が傷むことがあるので、酢にはつけないこと。
- レーヨン

多少酸に弱い傾向があります。また、塩素系漂白剤にもあまり強くないので、ものによっては傷んでしまうことがあります。
- シルク

アルコール、アンモニア、塩素系漂白剤、酵素といった強アルカリは使えません。水がシミの原因になる場合は、ドライクリーニングに出します。
- スパンデックス

伸縮性がなくなってしまうため、塩素系漂白剤は使えません。また、高温に弱いのが特徴です。
- ウール

アルコール、アンモニア、塩素系漂白剤、酵素など、強アルカリのものは使えません。

ナチュラルなシミぬきのポイント

1　やさしく落としましょう
シミを落とそうとすると、ついつい腕に力を入れてこすってしまいがちですが、表面がよほど頑丈なものでない限り、やさしく扱いましょう。力まかせにすると、シミはとれても生地が傷んでしまって、元には戻りません。カーペットやインテリアの布などは、こすると繊維がすり切れ毛羽立ってしまいます。そうなると、ほこりがたまりやすいだけでなく、傷みも早く、やがて穴があいてしまいます。

2　すぐに落としましょう
次の洗濯の日まで、シミがついたまま放ったらかしにしてはいけません。ついてすぐのほうが、シミはずっと落としやすいからです。ナチュラルな方法でシミを落とすには、定着させてしまわないように、できるだけ早く落とすことも大切なポイントです。

3　乾いたシミは
　　乾いたまま落としましょう
泥だらけのカーペットをいきなりぬらして洗ったら、どんなことになるでしょう？　その後で掃除機をかけても、泥をまきこんで、カーペットの繊維に泥をすりこんでしまいます。そんなことにならないように、水分を使う前にまず、掃除機をかけて泥や粉末状のものを吸いとります。また、カーペットをはたいたりブラシをかけたりするのも効果的です。

一方、ぬれた状態のシミは、乾かしてはいけません。ぬれたシミを乾かすと流動性がなくなり、落ちにくくなってしまいます。液体のシミは、乾いてしまう前に液体でとるようにしましょう。

4　シミをすりこまないように
シミの原因になるものがついてしまったら、シミになる前にとれれば理想的です。拭いたりこすったりしたいところですが、そこをがまん。下手に拭いたりこすったりすると、かえってシミになってしまうことがあります。スプーンやヘラ、クレジットカードなどを使って、シミをこそげ落とします。シミの原因がなんであっても、表面についた部分を落とせれば、シミは落とせるのです。

5　明るいところで作業しましょう
洗濯をする部屋は、ぜひ明るくしておきたいものです。暗かったり、電球に色がついていたりすると、シミに気づかずに次の洗濯まで放置……なんていうことになりかねません。そうなると、シミぬきをしても、期待通りに効果があらわれるかどうかわかりません。そ

ういうことのないように、自然光に近い電球を使います。必要に応じて、手元用ライトなども使いましょう。カーペットの隅っこなど、室内の照明が届きにくいところのシミぬきをする時には、スタンドを移動して、シミがよく見えるようにしてから作業するといった工夫も必要です。

6 洋服のことを知っておきましょう

こぼしたものが洋服のシミになりそうな時は、次のことを考えます。
＊どんな材料でシミを落とせばいいか
＊安全に使えるものはなにか
アンモニア入りのシミぬき洗剤を使ったばっかりに、お気に入りのセーターがとり返しのつかない状態になってしまったのでは意味がありません。ほとんどの衣類には、洗濯表示がついていて、洗濯に適した温度や漂白剤が使えるかどうか、傷めずに乾燥させる方法などが書かれています。

7 裏から当て布をしましょう

布についたシミを落とす時は、忘れずに当て布をします。シミぬきの材料を吸いとったり、落ちたシミを裏から受けとめたりしてくれるのが当て布です。当て布をする習慣をつけないと、せっかく落ちたシミをほかの場所につけてしまうことになりかねません。
当て布は常にきれいな部分がシミに当たるように、こまめに場所を変えます。当て布に最適なのは、清潔で、色の薄いタオルですが、吸水性のよい古布で、清潔で色落ちしないものなら、どんな古布でも使えます。

8 裏からも落としましょう

裏からも作業ができる場合は、裏からもシミぬきの作業をします。布の表についたシミを、裏側から押しだすことで、シミを繊維の中に入りこみにくくし、シミのできた部分をこすって、繊維の表面が磨耗する可能性も少なくなります。表に当て布をして、布を裏に返して、裏から作業をします。

9 きちんとすすぎましょう

カーペットやインテリアの布にシミぬきの材料を使った場合は、水で洗ってから十分拭きとるのを忘れずに。これを怠ると、残ったシミぬきの材料がほこりなどを吸いよせ、シミはとれたのに汚れてしまった……という事態がおこりがちです。

10 メーカーに問い合わせましょう

シミがついた製品をつくったメーカーに問い合わせると、落とし方がわかるかもしれません。まずは、洗濯表示を

読むことからはじめます。必要な情報は全部ここに書かれていますから。製品表示にほしい情報がない場合、また、製品表示が見当たらない場合は、インターネットでメーカーのウェブサイトを見てみます。カスタマーサービスやお客様センターに電話をするのもいいでしょう。シミの原因になる可能性の高い商品をつくっているメーカー(たとえば、糊やペンキ、子どもの工作用文房具などをつくっているところ)で、責任感のあるところは、こうしたことについて、かなりきちんとした情報を提供してくれるものです。

11 絶対に落としたいかどうかを決断しましょう

シミを落としますか? それともそのまま捨てていますか? 中には落としにくいシミや落ちないシミもあります。そんな時は、どれくらい時間と手間をかけるべきか決めなくてはなりません。シミがついた場所にもよります。買って2年しかたたないリビングのカーペットについたシミか、12年前のコンサートで買ったTシャツについたシミかで、判断は変わってくるでしょう。Tシャツについたシミがとれない時は、残念ではあっても、新調するのに何百ドルもかかることはありません。

12 プロに頼めるかどうかを考えましょう

自分で無理をしてシミを落とすよりも、プロに頼んだほうがうまくいくケースもあります。たとえば、洗える布についた落としやすいシミと、ドライクリーニングしかできない衣類とでは、対応はまったく違います。インテリアの布、特に水を使えない布についたシミは、プロに頼んだほうがいいように私は思います。

13 根気よく落としましょう

シミによっては、くり返し対応しなければならないこともありますし、やり方を変えながらいい方法を見つけなければならない時もあります。

14 シミを広げないようにしましょう

なにかをこぼして慌てていると、拭きとった布からこぼしたものがはみ出してカーペットに落ちてしまったり、パスタソースを広げてもっと汚してしまうといったこともよくあります。作業をする時は、シミの外側から内側に向かってこすり、拭きとり、シミが広がらないようにします。水やクリーナーを使う時も、同じ要領で。大切なのはシミを小さくし、最終的には消してしまうことなのですから。

15　よく考えてはじめましょう

シミがついてしまうと、シミなんて……と投げ出したくなります。特にジャケットの襟や、新しいリビングのカーペットの真ん中といった、目立つところにシミがついてしまった時は。でも、それが、災いへの第一歩です。慌てて作業をすると、シミが抜けるどころかとれなくなってしまったり、シミに沿ってカーペットの色が抜けてしまったり、ろくなことになりません。シミがついてしまったら、すぐに液体を吸いとり、固形物と半固形物をそっととりのぞきます。そして作業をしながら次の3つについて考えます。

❶　シミの原因はなにか？
❷　シミがついた素材はなにか？
❸　シミのついた表面をできるだけ傷めずに効率よくシミを落とす方法はなにか？

❶〜❸を考えたら、すぐにシミぬきの材料をつけます。新しいものを試す場合は、必ずどこか目立たないところで試してから使います。穏やかな方法からはじめて、必要に応じて徐々に強い洗剤を使います。

16　目立たないところで試してからはじめましょう

シミを落とそうとする時、一番目立つところからかかりたくなってしまうものですが、その気持ちをぐっとがまんして、まず目立たないところで試してみましょう。

手順は以下の通りです。

❶　安全な場所を選びます。洋服ならすそや縫い代部分など、生地の表側が中表に縫い合わさっているところや、衣類の内側などが適当です。チャックの縫い代などもいいでしょう。ソファの布なら、クッションの下側も一案です。カーペットやフローリングの場合は、クロゼットや家具の下、ドアの裏の隅などが適当です。

❷　テストをする場所に、シミぬきの材料を数滴落とします。

❸　❷に水を含ませた古布を1分ほど押しつけます。

❹　❸を裏返し、表面の色が移っていないか確認します。表面が変色していないか、また、傷んだりしていないか、あわせて確認します。なんらかの兆候が認められた場合は、別の方法を試します。

シミぬきの道具

古布

こぼしたものを吸いとるための布には、古いタオルや古布、ペーパータオルなど白っぽいものを使います。
シミをとる時に裏から当て布として使ったり、シミを拭きとったり、シミぬきの後に残った余分な水分を吸いとったりと、使い道はいろいろです。使い古しのスポーツソックスも、当て布や拭きとりに活用できるので、便利です。

ブラシ

毛が硬い小さなブラシがあると、トントンたたいてシミを落とす時に便利。植毛面が平らなものがオススメです。使い古した歯ブラシで代用することもできます。

スプレー容器

シミぬきの材料をスプレーする時には、スプレー容器がいくつかあると便利です。ラベルに中身を書いて貼っておきましょう。中身を入れかえる時は、よく洗ってからにします。相性の悪い材料もあるので、まざってしまわないように、十分に気をつけてください。

計量カップ

シミぬきの材料をつくる時に使います。500〜1000㎖入りの計量カップが便利です。

> ★ 訳者アドバイス
> **計量カップ**
> 最近は日本でも 500㎖入りなど大容量の計量カップを見かけるようになりました。長く使ってもくすまず、熱などにも強い耐熱ガラスの計量カップが使いやすいように思います。

計量スプーン

材料をはかるのに使います。食品用の計量スプーンと区別するために、ほかのシミぬき道具と一緒に保管します。

スプーン

こびりついてしまったシミをはがし、こすり落とす時に便利なのが、スプーンやヘラです。テーブルナイフ★も使えますが、ナイフの刃が欠けていない、あまり切れ味の鋭くないものがいいでしょう。

> ★ 訳者アドバイス
> **テーブルナイフ**
> ナイフでは切れすぎる場合があるので、いらなくなったメンバーズカードやクレジットカードのようなプラスチックカードを使うと、固形物をこそげ落とすことができます。

バケツ

色が薄く、金属製★以外のバケツを用意します。8ℓ程度の水が入るものが便利です。しっかりした取っ手と注ぎ口がついているものを選びます。バケツは、道具や材料をストックする時にも使えますし、シミがついてしまったところまで水を運ぶ時にも使うことができます。

> ★ 訳者アドバイス
> **金属製は NG**
> ブリキなど金属製のバケツは、扱うシミぬきの材料によってはサビたり、変質したりする可能性があります。変質したバケツを使うと、別のシミの原因をつくることにもなりかねないので、シミぬきにはプラスチックやホーローなど、変質しにくい素材のバケツを選びます。

シミぬきの道具 | 材料 シミを落とす | 材料 シミを吸いとる | 材料 シミの色をぬく | 溶かす材料 シミの原因を

サイドタブ（上から下）: たらい／重曹／塩／クリームオブタータ／消しゴム／ほう砂／コーンスターチ ▼

たらい

色が薄く、金属製★ではないものを用意します。たらい★があれば、つけおきをしているからシンクが使えない……ということになりません。

> **★ 訳者アドバイス**
> **金属製は NG ▶ P.27**
>
> ---
>
> **たらいは必要？**
> 大物はバケツに、小さいもののつけおきは洗面器にと使いわければ、たらいは必要ないように私は思います。

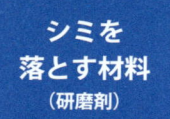

シミを落とす材料（研磨剤）

重曹

クッキーを膨らませるのに使う重曹は、シミぬきにも使うことができます。弱アルカリ性で、消臭作用もあります。穏やかな研磨効果があり、また、液体や油のシミを吸いとってくれます。ほとんどのものに使うことができます。

塩

塩は穏やかな研磨剤であり、吸収剤でもあります。酢とまぜて、金属のくもりをとるのに使いますし、コーヒーや赤ワインのシミにかけたりもします。塩水をつくって、つけおきに使うこともあります。

クリームオブタータ

お菓子を焼く時に使うクリームオブタータ★は、弱酸性の研磨剤。食料品店のスパイス売り場などで購入することができます。水で溶かしてペースト状にして使います。金属製品のくもりをとったり、色柄物の布についたシミをとる時に便利です。

> **★ 訳者アドバイス**
> **クリームオブタータ**
> メレンゲの泡をつぶさないように安定させるのに使われるクリームオブタータは、アメリカのナチュラル・クリーニングでも人気の素材です。『Better Basics for the Home』(アニー・バーソルボンド著 Three Rivers Press刊)によると、クリームオブタータは酸性で、クレンザーとしてもよく使われます。

消しゴム

鉛筆のシミや油のシミ、塗り壁や壁紙についてしまった手あかを落とす時に便利で、穏やかな研磨剤です。シミ落とし用に2つくらい常備しておきましょう。シミを落とした後は、カスをきちんととっておきましょう。

シミを吸いとる材料（吸収剤）

ほう砂

シミを落としやすくするための助剤として、洗濯に使われるのがほう砂です。弱アルカリ性の粉で、そこそこの消臭効果もありますし、シミぬきにも効果があります。

> ★ 訳者アドバイス
> **ほう砂**
> アメリカでは、重曹とよく似た使われ方をするほう砂。日本では薬局で買うことができます。重曹との大きな違いは、ほう砂には殺菌作用と漂白作用がある点です。

コーンスターチ

プリンやソース、スープのとろみをつけるのに使うコーンスターチは、こぼしてシミになってしまった液体や、油ジミを吸いとる吸収剤として便利です。ただ、粉がとても細かいので、カーペットやインテリアなどについてしまうと、とれにくいのが難点です。

猫砂

ガレージや道路にこぼれたグリースや油を吸いとる時に使います。嘔吐物など大量の液体を吸いとる時にもパワーを発揮します。

> ★ 訳者アドバイス
> **グリース**
> グリースは潤滑油の一種です。日本では車の部品調整などに使われる場合は「グリス」と呼ばれるようですが、同じものです。ふつうの油に比べると粘性が高く、流動性がありません。

シミの色をぬく材料（漂白剤）

漂白剤（次亜塩素酸ナトリウム）

次亜塩素酸ナトリウムを主成分とする塩素系漂白剤*は、アンモニアより強力なシミぬきの材料です。脱色効果があるので、さまざまな洗剤に使われています。また、カビも殺してしまうほどの殺菌効果があります。使う時は必ず薄めて、十分な換気も忘れずに。目と肌にふれないようにします。

ウール、モヘア、シルク、革製品のほか、水着やレオタードに使われる伸縮性のよいスパンデックスには使えません。このほか、色落ちする布やノーアイロン加工のコットンや麻（防しわ加工など）への使用も避けます。

ほかの洗剤とは絶対にまぜないこと。特に、アンモニアとまぜると有毒ガスが発生するので、とても危険です。

> ★ 訳者アドバイス
> **漂白剤**
> 著者は「漂白剤をつける前に、必ず目立たないところで試してから、作業をしてください」と書いています。アメリカでの漂白剤の主流は塩素系漂白剤なので、こうした注意書きが必要になるわけですが、塩素系漂白剤のかわりに酸素系漂白剤を使うと失敗がなく安心です。
> 漂白剤と書いてあるところでは、塩素系ではなく酸素系漂白剤をオススメします。

レモン

レモンは穏やかな漂白作用のある弱酸性のクエン酸が主成分です。シミぬきにはレモン汁*を使います。コーヒーや紅茶など、アルカリ性のシミを落としたり、塩をまぜて赤ワインのシミをぬいたりします。コットンや麻、レーヨンなど、酸に反応する生地やシルク、ウールに使う場合は、注意が必要です。変色や縮みがある場合は、使用を見合わせるほうが無難です。

左側タブ（縦書き）:
オキシドール｜台所用中性洗剤｜石けん｜炭酸水｜酵素洗剤｜酢｜グリセリン

> ★ 訳者アドバイス
> **レモン汁**
> シミぬきに使うレモン汁は、生のレモンを絞ったものです。レモン果汁としてスーパーなどで売られているものではありません。

オキシドール

髪の脱色用ではなく、3％に希釈された消毒用のものを使います。オキシドールは穏やかな漂白剤なので、小さなシミを落とすのに便利です。ほとんどの生地に使えますが、長期保存をすると効果が落ちるので、必要な時に必要なだけ買うようにしましょう。

シミの原因を溶かす材料
（溶剤）

台所用中性洗剤

台所用中性洗剤は、食べ物や飲み物が原因のシミにも効果があります。水で薄めて使えば、洗濯前の下洗いに効果的です。シミぬきとして使う石けんの種類[*]は、漂白剤や香り、保湿剤などの入っていないものがオススメです。

> ★ 訳者アドバイス
> **石けんの種類**
> 作用から判断すると、中性洗剤は液体石けんで代用できます。基本的な作用は変わりませんし、香りのついていないものも、液体石けんのほうが多いように思うので、本文中では台所用中性洗剤のかわりに液体石けんと表記しています。

石けん

石けんは弱アルカリ性の洗剤です。油性のシミを柔らかくする時に便利です。フルーツのシミに液体石けん★を使うと、シミがとれなくなってしまうので、使わないようにします。

> ★ 訳者アドバイス
> **シミぬきには液体石けん**
> 私はふだん固形の石けんを愛用していますが、この本では、液体石けんが使われています。できるだけ早くシミに浸透させたいと考えると、シミぬきに使う石けんは液体が便利なのだと思います。
> 固形の石けんを泡立てて、それをくり返し塗るという方法もなくはありませんが、手軽さ、手早さ、確実さと三拍子そろっているのは液体石けんです。
> また、フルーツのシミに液体石けんを使うとシミがとれなくなると著者は書いていますが、日本の石けんメーカーに確認したところ、特にそうした事例は報告されていないとのことでした。ですから、あまり神経質にならなくてもよいように思います。

炭酸水

炭酸水は、いろいろな飲み物にまぜて炭酸飲料がつくれる手軽な材料ですが、弱酸性なので、アルコールやコーヒー、赤ワインなどのシミを泡で落とす効果があります。安全で無臭なので、なんだかわからないシミに、まずかけてみるのに適しています。炭酸水は、砂糖や香料の入っていないものを使います。

酵素洗剤

文字通りタンパク質を溶かしてしまうのが酵素洗剤★で、自然食品店などで手に入ります。ペースト状にしてシミに塗ったり、水に溶かしてシミのついたものをつけおきしたりする時に使います。ただし、シルクとウールには使えません。

酵素洗剤 | 酢 | グリセリン | ワセリン | 植物油 | アンモニア | 変性アルコール

> ★ 訳者アドバイス
> **酵素洗剤**
> 酵素というのは生物がつくり出す、化学反応を促進させるタンパク質のことで、酵素によって促進させるものが決まっています。ですから、酵素を洗濯や掃除に利用する場合には、落とす汚れに合った酵素洗剤を使う必要があります。著者は「文字通りタンパク質を溶かしてしまうのが酵素洗剤で、自然食品店などで手に入ります」と書いているので、アメリカでは、酵素洗剤がかんたんに手に入るのかもしれません。日本では、単体でシミぬきの材料として市販されているケースはあまりないようです。

グリセリン

自然食品店などで手に入るグリセリンは、石けんをつくった時にできる植物油の副産物です。とてもよく水を吸収するので、泥ジミを柔らかくしたり、乾いてしまったシミを元に戻して落としやすくする時に使います。

ワセリン

肌を保護するワセリンは、乾いたグリースなどを柔らかくし、布からはがしやすくするために使います。

酢

弱酸性の酢は、洗剤が原因のアルカリのシミを中和するのに便利です。コーヒーポットやティーポットについた液だれを落とす時にも使います。水で薄めて、シミにつけるのが一般的です。コットン、麻、アセテートには使えません。

植物油

乾いたグリースのシミをラクに落とすには、植物油が便利です。仕上げ剤が塗ってある木についたシミを落とす時

には、植物油に灰や小豆粉など、研磨効果のあるものをまぜて落とします。

アンモニア

アルカリ性のアンモニア*は、穏やかな漂白作用があり、洗剤の原料として広く使われていますが、シミ抜きには、洗剤の入っていない透明なアンモニアを使います。

車に使われるグリースなど、酸性のシミを中和します。使う時は必ず薄めて、換気も忘れずに。目と肌に触れないようにします。シルクやウールにも使えますが、塩素系漂白剤とまぜると有毒ガスが発生するので、絶対に避けてください。

> **★ 訳者アドバイス**
> **アンモニア**
> シルクやウールなど、アルカリ性の洗剤で布が傷む可能性のある素材に使用する場合は、必ず事前に目立たないところで試して、色落ちや、変色、生地へのダメージがないことを確認してください。

変性アルコール

変性アルコール*は、エチルアルコールにメタノールまたはアセトンを加えて変性させたものです。ヘアスプレーにも使われていて、シミぬきにはとても効果的なので、マニキュアやガンコなグリースのシミ、糊、セメントなどを落とす時の最終手段として使える溶剤です。

毒性、引火性ともに高いので、火元や炎、熱源からは離れたところで、よく換気しながら使います。長時間吸いこまないように、目や肌につかないように気をつけます。色落ちすることがあるので注意してください。

> **★ 訳者アドバイス**
> **変性アルコール**
> 安全性と入手のしやすさを優先して、この本では、変性アルコールと記載のあったところは、消毒用エタノールと表記しました。

シミぬきの道具 | 材料 シミを落とす | 材料 シミを吸いとる | 材料 シミの色をぬく | **シミの原因を溶かす材料**

炭酸ナトリウム

炭酸ナトリウムは、重曹より強いアルカリ性で、洗濯の助剤として使われるミネラルです。グリースなど酸性のシミやにおいを中和する効果にすぐれています。ただし、ウールとシルク、アルミニウムの表面やワックスのかかっていない床、ガラス繊維のシンクやバスタブ、タイルには使わないでください。

除光液

こぼしてしまったマニキュアをとる最終手段として使える強力な溶剤です。アセテートにも使えます。
引火性が高いので、火元や炎、熱源からは離れたところで、よく換気しながら少しずつ使います。長時間吸いこまないように、また、目や肌につかないように気をつけます。

イソプロピルアルコール

草やインクなどのやっかいなシミにも効果があります。一方で、毒性があり、引火性も高く、効き目を最優先する場合以外は、使用を控えたい材料です。
使用するのは、火元や炎、熱源がなく、十分に換気できる場所に限ります。肌と目は必ず保護し、使う量は控えめにして、長時間吸いこまないようにします。
イソプロピルアルコール*には消毒作用がありますが、消毒用アルコールと書かれているものは独特のにおいがあり、保湿剤が入っているので使えません。染料によっては色落ちすることがあるので、アセテートやナイロン、シルク、ウールに使う時は水で薄めます。

ヘアスプレー

ヘアスプレー*は、インクのシミに効果のある溶剤です。アルコールが多量に含まれているので、インクのシミを落とすのに向いていますが、毒性が高く、引火性もありますので、しっかり換気をしながら、少量使うようにします。アセテートやシルク、ウールに使う場合は、注意が必要です。事前に必ず目立たないところでテストしてみてください。変色や縮みがある場合は、使用を見合わせるほうが無難です。

> ★ 訳者アドバイス
> **ヘアスプレー**
> 最近のヘアスプレーは進化しているので、いろいろな成分が入っているため、ものによってはかえってシミの原因をつくる可能性もあるようです。そこで、まずはお湯、そして液体石けんを試してみましょう。ヘアスプレーを試すのは、いろいろ試してもだめな時、と考えたほうがよさそうです。

> ★ 訳者アドバイス
> **イソプロピルアルコール**
> イソプロピルアルコールは、消毒用エタノールより価格が安いので、ちょっとした消毒用に使われることがあります。ただ、消毒用エタノールに比べて毒性が高いことから、アロマテラピーなどでは、イソプロピルアルコールのかわりに、消毒用エタノールをすすめることが多いようです。
> アメリカの掃除の本やインターネットサイトを見ると、殺菌作用は消毒用アルコールのほうが強く、油を落とす力はイソプロピルアルコールのほうが強い、という表記を見かけます。
> ただ、著者は、消毒用エタノールをより高く評価しているようなので、この本では安全性と入手のしやすさを優先して、イソプロピルアルコールと記載のあったところは、消毒用エタノールと表記しました。

WD-40

石油を原料とする浸透性の高い潤滑油のスプレーで、インクや染料を落としたり、接着剤やガムを柔らかくする時に使います。

毒性、引火性ともに高いので、火元や炎、熱源からは離れたところで、よく換気しながら使います。また長時間吸いこまないように、また、目や肌につかないように気をつけます。色落ちすることがあるので注意してください。

★ 訳者アドバイス
WD-40

アメリカではクレヨンをはじめ、いろいろなもののシミぬきに、WD-40が登場します。基本的には錆防止剤、潤滑剤として開発された製品で、油性ですから、クレヨンは落ちたけれど布にはシミがついてしまったということになりかねません。

使う時は必ず、目立たないところで試し、シミにならないように手早く作業をします。

著者アドバイス
熱湯で褪色防止！

シミぬきというよりは悪魔祓いみたいな感じですが、熱湯をかけることで劇的な効果が期待できるテクニックです。強い化学物質などは必要ありません。コットンや麻についたばかりのコーヒーや紅茶、ワイン、フルーツジュースのシミは、この方法で落とします。

布をよく伸ばし、シミのついている面を下にして、耐熱性のあるボウルかバケツの上に広げて、上から輪ゴムで固定します。

高いところからお湯を注ぐので、万が一お湯がはねても危なくないように、バスタブのような場所にバケツをおきます。そして、50〜90cmくらい上からシミをめがけて熱湯を注ぎます。

熱湯がかからないように、また、シミが飛びちってほかの部分につかないように気をつけながら、必要に応じてこれをくり返します。

これは、白か薄い色のコットンと麻にぴったりの方法ですが、それ以外のものには使用を避けてください。コットンと麻以外の布には、熱湯は熱すぎるからです。

著者アドバイス
酸性のシミ、アルカリ性のシミ

かんたんな化学の授業をしましょう。ほとんどの洗剤はアルカリ性です。なぜかというと、シミの原因の多くが酸性だからです。落とそうとしているシミが酸性かアルカリ性かがわかれば、その反対の性質のものを使って、中和すればいいということになります。

中和を利用してシミを落とせば、表面についた場合は中和されることで柔らかくなりますから、漂白のように表面へのダメージの大きい方法を使わなくてもシミが落とせることも多いのです。とはいっても、酸もアルカリも、タンパク質を固着させる性質があることをお忘れなく。グレイビーソースなどのようにタンパク質が含まれている可能性のある複合的なシミを扱う時は、注意が必要です。

ハンバーガーの油から泥、フルーツジュースやソフトドリンク、トマトまで、シミのほとんどが酸性です。酸性のシミは水で薄めて、重曹かアンモニア水で中和してから、もう一度水で洗います。最後はいつも通り洗濯するというのが基本的な対処方法です。洗濯機に炭酸ナトリウムやほう砂を入れて、洗浄力をパワーアップしてもいいでしょう。

汗[*]、草、金属などのくもり、ミネラル分、タンニン（紅茶やコーヒー）、アルコール飲料、マスタードなどは、アルカリ性のシミです。

アルカリ性のシミも、まずは水で洗って薄くします。その後、薄めた酢などで中和してから、水でいつも通りに洗濯します。クエン酸やクリームオブターターもアルカリ性のシミを落とす時に便利です。

★ 訳者アドバイス
汗

汗にはアルカリ汗と酸性汗があるそうです。尿酸や乳酸などの酸性成分が含まれているふつうの汗は酸性です。ところが、ミネラル分を多く含むアルカリ性の汗をかくこともあります。

「不健康な生活をしているとアルカリ性の汗をかく」という説もあれば、「汗をかきすぎると汗はアルカリ性になる」といった説もあります。においが気になる汗は、アルカリ性の場合が多いようです。

食べ物のシミ

油のシミ、タンパク質のシミ、タンニンのシミ、そしてそれらの複合……とバラエティに富んでいるのが食べ物のシミです。時間が経過して、その正体がわからなくなってしまうと、落とすのが難しくなりますから、ついたらすぐに対応することが大切です。

卵

卵

洗える布についた場合

○ 基本のシミぬき

水　塩　お湯　液体石けん

アンモニア　スポンジ

❶ 水に塩を溶かします*。水2ℓに塩大さじ2が目安です。
❷ ❶に数時間つけおきします。
❸ ❶につけたまま、スポンジで、シミを落とします。
❹ 水で洗います。
❺ お湯に液体石けんとアンモニアを溶かします。お湯120mlに液体石けん小さじ1/4、アンモニア数滴が目安です。
❻ シミに❺をたっぷりしみこませます。
❼ 水で洗います。
❽ いつも通りに洗濯します。

著者アドバイス
タンパク質は乾かさない

タンパク質は乾くと落ちにくくなるので、洗濯機から出したら、すぐにシミが落ちていることを確認します。シミが残っている場合は、乾かさずにそのまま「とれなければこの方法で」のレシピを試してみてください。

★ 訳者アドバイス
水に塩を溶かす

原文のレシピでは、「水に塩を溶かす」としか記載されていませんでした。どのくらいの塩水がいいのかしら？と疑問に思ったので、塩水の濃度について調べてみました。
生理食塩水は、濃度が0.9%、1ℓに8.5gを溶かします。これは、体液や血液と等しい浸透圧だということなので、シミを落とすには、これよりも濃いほうが有効だろうと思いました。一般に、食塩水といわれるものは、海水の濃度が基準になっているのか、3.5〜5％の濃さのものを食塩水とよんでいるケースが多いようなので、レシピでは、海水と同じ濃さの食塩水を使いました。

カレー｜クリームスープ｜トマトスープ｜トマトソース｜パスタソース｜ステーキソース

● とれなければこの方法で

重曹　水　ブラシ

❶ 重曹と水をまぜて、重曹ペーストをつくります。重曹大さじ３に水大さじ１が目安です。
❷ シミに❶を塗ります。
❸ 30分ほどおきます。
❹ ブラシで、❸を落とします。
❺ 水で洗います。
❻ いつも通りに洗濯します。

著者アドバイス
肉の軟化剤という奥の手
重曹だけではシミが十分落ちない場合は、肉の軟化剤★を試します。

★ 訳者アドバイス
肉の軟化剤
パイナップルに含まれるブロメラインという酵素は、肉の軟化剤として使われていて、タンパク質を柔らかくする働きがあるといわれています。

カーペットについた場合

○ 基本のシミぬき

水　塩　スプーン　古布

❶ スプーンで、固形物をできるだけとりのぞきます。
❷ 水に塩を溶かします★。水２ℓに塩大さじ２が目安です。
❸ シミに❷をたっぷりしみこませます。
❹ 水を含ませた古布で、シミを落とします。
❺ 乾いた古布で、水分をよく拭きとり、乾かして仕上げます。

● とれなければこの方法で

水　液体石けん　古布　スポンジ

❶ 水に液体石けんを溶かします。水250mlに液体石けん小さじ1/2が目安です。
❷ シミに❶をたっぷりしみこませます。
❸ 古布で、シミを落とします。

食べ物のシミ｜飲み物のシミ｜分泌物・排泄物のシミ｜文房具のシミ｜化粧品・薬品のシミ｜アウトドアのシミ｜その他のシミ

❹ 水を含ませたスポンジで、シミを落とします。

❺ 乾いた古布で、水分をよく拭きとり、乾かして仕上げます。

インテリアの布についた場合

○ 基本のシミぬき

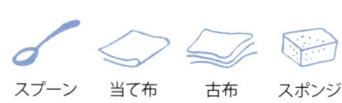

水　塩

スプーン　当て布　古布　スポンジ

❶ スプーンで、固形物をできるだけとりのぞきます。

❷ クッションカバーなど、外せるものは外します。カバーが外せなくても、当て布ができる場合は、裏から当て布をします。

❸ 水に塩を溶かします[★]。水2ℓに塩大さじ2が目安です。

❹ ❸を含ませた古布で、シミを落とします。

❺ 水を含ませたスポンジで、シミを落とします。

❻ 乾いた古布で、水分をよく拭きとり、乾かして仕上げます。

★ 訳者アドバイス
水に塩を溶かす ▶ P.42

● とれなければこの方法で

水　液体石けん　古布　スポンジ

❶ 水に液体石けんを溶かします。水250㎖に液体石けん小さじ1/2が目安です。

❷ ❶を含ませた古布で、シミを落とします。

❸ 水を含ませたスポンジで、シミを落とします。

❹ 乾いた古布で、水分をよく拭きとり、乾かして仕上げます。

> **必ず水で**
> 洋服やカーペットについた卵が、固まってしまっては一大事。卵のシミを落とす時は、必ず水で。洋服やカーペットの上で熱を加えてしまうと、シミは本当にとれなくなってしまいます。

カレー

洗える布についた場合

○ 基本のシミぬき

お湯　グリセリン　ほう砂

❶ お湯で洗います。
❷ お湯にグリセリンを溶かします。お湯50mℓにグリセリン50mℓが目安です。
❸ シミに❷をたっぷりしみこませます。
❹ 30分ほどおきます。
❺ お湯で洗います。
❻ ほう砂を加えて、いつも通りに洗濯＊します。

★ 訳者アドバイス
ほう砂を加えて洗濯
1回の洗濯で入れるほう砂の量は、6kg以下の洗濯機で100〜125mℓ、6kg以上の大型洗濯機の場合は175〜200mℓ程度が目安です。

● とれなければこの方法で

オキシドール

❶ シミにオキシドールをたっぷりしみこませます。
❷ 15分ほどおきます。
❸ いつも通りに洗濯します。

カーペットについた場合

○ 基本のシミぬき

グリセリン　お湯　ほう砂
スプーン　古布

❶ スプーンで、固形物をできるだけとりのぞきます。
❷ シミにグリセリンをたっぷりしみこませます。
❸ お湯にほう砂＊を溶かします。お湯500mℓにほう砂大さじ1が目安です。
❹ ❸を含ませた古布で、シミを落とします。
❺ 乾いた古布で、水分をよく拭きと

り、乾かして仕上げます。

> **★ 訳者アドバイス**
> **ほう砂**
> アメリカでは、重曹とよく似た使われ方をするほう砂。日本では薬局で買うことができます。重曹との大きな違いは、ほう砂には殺菌作用と漂白作用がある点です。

インテリアの布についた場合

○ 基本のシミぬき

グリセリン　お湯　ほう砂

スプーン　当て布　古布

❶ スプーンで、固形物をできるだけとりのぞきます。

❷ クッションカバーなど、外せるものは外します。カバーが外せなくても、当て布ができる場合は、裏から当て布をします。

❸ シミにグリセリンをたっぷりしみこませます。

❹ お湯にほう砂＊を溶かします。お湯500㎖にほう砂大さじ1が目安です。

❺ ❹を含ませた古布で、シミを落とします。

❻ 乾いた古布で、水分をよく拭きとり、乾かして仕上げます。

クリームスープ

洗える布についた場合

○ 基本のシミぬき

水　お湯　液体石けん　アンモニア
スプーン　古布　スポンジ

❶ スプーンで、固形物をできるだけとりのぞきます。
❷ 古布で、シミを落とします。
❸ 水を含ませたスポンジで、シミを落とします。
❹ 水に数時間つけおきします。
❺ お湯に液体石けんとアンモニアを溶かします。お湯250mlに液体石けん小さじ1、アンモニア数滴が目安です。
❻ ❺を含ませた古布で、シミをたたきます。こすってはいけません。
❼ いつも通りに洗濯します。

著者アドバイス
お湯でお洗濯
洗濯機にお湯が入れられる場合は、お湯で洗うとより効果的です。

カーペットについた場合

○ 基本のシミぬき

お湯　液体石けん　水
スプーン　古布　スポンジ

❶ スプーンで、固形物をできるだけとりのぞきます。
❷ 古布で、シミを落とします。
❸ お湯に液体石けんを溶かします。お湯小さじ4に液体石けん小さじ1が目安です。
❹ ❸を含ませた古布で、シミを落とします。
❺ 水を含ませたスポンジで、シミを落とします。
❻ 乾いた古布で、水分をよく拭きとり、乾かして仕上げます。

● とれなければこの方法で

水　アンモニア　古布　スポンジ

❶ 水にアンモニアを溶かします。水250mℓにアンモニア大さじ1が目安です。

❷ ❶を含ませた古布で、シミを落とします。

❸ 水を含ませたスポンジで、シミを落とします。

❹ 乾いた古布で、水分をよく拭きとり、乾かして仕上げます。

インテリアの布についた場合

○ 基本のシミぬき

お湯　液体石けん　水

スプーン　古布　当て布　スポンジ

❶ スプーンで、固形物をできるだけとりのぞきます。

❷ 古布で、シミを落とします。

❸ クッションカバーなど、外せるものは外します。カバーが外せなくても、当て布ができる場合は、裏から当て布をします。

❹ お湯に液体石けんを溶かします。お湯小さじ4に液体石けん小さじ1が目安です。

❺ ❹を含ませた古布で、シミを落とします。

❻ 水を含ませたスポンジで、シミを落とします。

❼ 乾いた古布で、水分をよく拭きとり、乾かして仕上げます。

● とれなければこの方法で

水　アンモニア　当て布　古布

❶ 水にアンモニアを溶かします。水250mℓにアンモニア大さじ1が目安です。

❷ 当て布ができる場合は、裏から当て布をし、❶を含ませた古布で、シミを落とします。

❸ 乾いた古布で、水分をよく拭きとり、乾かして仕上げます。

トマトスープ

洗える布についた場合

○ 基本のシミぬき

重曹　水　酢　液体石けん　古布　スポンジ

❶ 古布で、シミを落とします。
❷ シミに重曹を振りかけます。
❸ 15分ほどおきます。
❹ ❸をはたき落とします。
❺ 水を含ませたスポンジで、シミを落とします。
❻ 水に酢を溶かします。水50mlに酢50mlが目安です。
❼ シミに❻をたっぷりしみこませます。
❽ 古布で、シミを落とします。
❾ 水で洗います。
❿ 水に液体石けんを溶かします。水120mlに液体石けん小さじ1/4が目安です。
⓫ ❿を含ませたスポンジで、シミを落とします。
⓬ いつも通りに洗濯します。
⓭ シミが完全にとれていることを確認してから、風に当てて乾かします*。

著者アドバイス
お湯でお洗濯 ▶ P.47

★ 訳者アドバイス
風に当てて乾かす
洗濯物を風に当てて乾かすということは、乾燥機を使わないと著者はいいたいのだと思います。
乾燥機を使うと、かなりの高温で洗濯物を乾かすことになるので、それは避けたほうがよいと著者が考えているのだと思います。

● とれなければこの方法で

酵素洗剤

❶ 酵素洗剤*に30分ほどつけおきします。
❷ いつも通りに洗濯します。
❸ シミが完全にとれていることを確認してから、風に当てて乾かします*。

著者アドバイス
お湯でお洗濯 ▶ P.47

★ 訳者アドバイス
酵素洗剤

酵素というのは生物がつくり出す、化学反応を促進させるタンパク質のことで、酵素によって促進させるものが決まっています。ですから、酵素を洗濯や掃除に利用する場合には、落とす汚れに合った酵素洗剤を使う必要があります。著者は「文字通りタンパク質を溶かしてしまうのが酵素洗剤で、自然食品店などで手に入ります」と書いているので、アメリカでは、酵素洗剤がかんたんに手に入るのかもしれません。日本では、単体でシミぬきの材料として市販されているケースはあまりないようです。

風に当てて乾かす ▶ P.49

トマトソース

洗える布についた場合

○ 基本のシミぬき

❶ 古布で、シミを落とします。
❷ シミに重曹を振りかけます。
❸ 15 分ほどおきます。
❹ ❸をはらい落とします。
❺ 水を含ませたスポンジで、シミを落とします。
❻ 水に酢を溶かします。酢 50㎖に水 50㎖が目安です。
❼ シミに❻をたっぷりしみこませます。
❽ 古布で、シミを落とします。
❾ 水で洗います。
❿ 水に液体石けんを溶かします。水 120㎖に液体石けん小さじ 1/4 が目安

です。
❶ ❿を含ませたスポンジで、シミを落とします。
⓬ いつも通りに洗濯します。
⓭ シミが完全にとれていることを確認してから、風に当てて乾かします[★]。

著者アドバイス
お湯でお洗濯 ▶ P.47

★ 訳者アドバイス
風に当てて乾かす ▶ P.49

● とれなければこの方法で

酵素洗剤　お湯

❶ 酵素洗剤[★]に30分ほどつけおきします。
❷ いつも通りに洗濯します。
❸ シミが完全にとれていることを確認してから、風に当てて乾かします[★]。

著者アドバイス
お湯でお洗濯 ▶ P.47

★ 訳者アドバイス
風に当てて乾かす ▶ P.49

パスタソース

洗える布についた場合

○ 基本のシミぬき

水　液体石けん　古布　スポンジ

❶ 古布で、シミを落とします。
❷ 水を含ませたスポンジで、シミを落とします。
❸ 水に1時間ほどつけおきします。
❹ 水に液体石けんを溶かします。水120mℓに液体石けん小さじ1/4が目安です。
❺ ❹を含ませた古布で、シミを落とします。
❻ いつも通りに洗濯します。

● とれなければこの方法で

水　アンモニア

❶ 水にアンモニアを溶かします。水

120mlにアンモニア小さじ1が目安です。

❷ いつも通りに洗濯します。

■ それでもとれなければ……

重曹　水　ブラシ

❶ 重曹と水をまぜて、重曹ペーストをつくります。重曹大さじ3に水大さじ1が目安です。

❷ シミに❶をたっぷりしみこませます。

❸ 30分ほどおきます。

❹ ブラシで、❸を落とします。

❺ いつも通りに洗濯します

著者アドバイス
肉の軟化剤*という奥の手 ▶ P.43

★ 訳者アドバイス
肉の軟化剤 ▶ P.43

カーペットについた場合

○ 基本のシミぬき

塩　古布　スプーン

❶ 布にシミをすりこまないように気をつけながら、古布で、シミを落とします。

❷ シミに塩を振りかけます。

❸ スプーンで、色がついた塩をとりのぞきます。

❹ 乾いた古布で、水分をよく拭きとり、乾かして仕上げます。

● とれなければこの方法で

水　液体石けん　古布　スポンジ

❶ シミに水をたっぷりしみこませます。

❷ 古布で、シミを落とします。

❸ 水に液体石けんを溶かします。水120mlに液体石けん小さじ1/4が目安です。

❹ ❸を含ませたスポンジで、シミを落とします。

❺ 水を含ませたスポンジで、シミを落とします。
❻ 水で洗います。
❼ 乾いた古布で、水分をよく拭きとり、乾かして仕上げます。

■ それでもとれなければ……

オキシドール　古布

❶ シミにオキシドールをたっぷりしみこませます。
❷ 古布で、シミを落とします。
❸ 乾いた古布で、水分をよく拭きとり、乾かして仕上げます。

> **オキシドールに注意**
> オキシドールは、色落ちの原因になることがあるので、必ず目立たないところで試してから使います。

ステーキソース

洗える布についた場合

○ 基本のシミぬき

水　液体石けん
スプーン　古布　スポンジ

❶ スプーンで、ソースをできるだけとりのぞきます。
❷ 古布で、シミを落とします。
❸ 水に1時間ほどつけおきします。
❹ 水に液体石けんを溶かします。水120mlに液体石けん小さじ1/4が目安です。
❺ ❹を含ませたスポンジで、シミを落とします。
❻ いつも通りに洗濯し、風に当てて乾かします[★]。

> ★ 訳者アドバイス
> **風に当てて乾かす** ▶ P.49

● とれなければこの方法で

水　アンモニア

❶ 水にアンモニアを溶かしたアンモニア水につけおきします。水 120mlにアンモニア小さじ1が目安です。
❷ いつも通りに洗濯し、風に当てて乾かします[★]。

> ★ 訳者アドバイス
> **風に当てて乾かす** ▶ P.49

■ それでもとれなければ……

お湯　液体石けん　スポンジ

❶ お湯に液体石けんを溶かします。お湯 200mlに液体石けん小さじ 1/4 が目安です。
❷ ❶を含ませたスポンジで、シミを落とします。
❸ 酵素洗剤[★]につけて、いつも通りに洗濯し、風に当てて乾かします[★]。

> ★ 訳者アドバイス
> **酵素洗剤** ▶ P.50
>
> **風に当てて乾かす** ▶ P.49

⚠ どうしてもとれなければ……

重曹　水　ブラシ

❶ 重曹と水をまぜて、重曹ペーストをつくります。重曹大さじ3に水大さじ1が目安です。
❷ シミに❶を塗ります。
❸ 30 分ほどおきます。
❹ ブラシで、❸を落とします。
❺ いつも通りに洗濯し、風に当てて乾かします[★]。

> 著者アドバイス
> **肉の軟化剤[★]という奥の手** ▶ P.43

> ★ 訳者アドバイス
> **肉の軟化剤** ▶ P.43

カーペットについた場合

○ 基本のシミぬき

塩　古布　スプーン

❶ 古布で、シミを落とします。

❷ シミに塩を振りかけます。
❸ スプーンで、色がついた塩をとりのぞきます。
❹ 乾いた古布で、水分をよく拭きとり、乾かして仕上げます。

● とれなければこの方法で

水　液体石けん　古布　スポンジ

❶ 水に液体石けんを溶かします。水120mlに液体石けん小さじ1/4が目安です。
❷ ❶を含ませたスポンジで、シミを落とします。
❸ 水を含ませたスポンジで、シミを落とします。
❹ 乾いた古布で、水分をよく拭きとり、乾かして仕上げます。

■ それでもとれなければ……

オキシドール　古布

❶ シミにオキシドールをたっぷりしみこませます。
❷ 古布で、シミを落とします。
❸ 乾いた古布で、水分をよく拭きとり、乾かして仕上げます。

バーベキューソース

洗える布についた場合

○ 基本のシミぬき

水　液体石けん　古布　スポンジ

❶ 古布で、シミを落とします。
❷ 水を含ませたスポンジで、シミを落とします。
❸ 水に1時間ほどつけおきします。
❹ 水に液体石けんを溶かします。水120mlに液体石けん小さじ1/4が目安です。
❺ ❹を含ませた古布で、シミを落とします。
❻ いつも通りに洗濯します。

● とれなければこの方法で

重曹　水　ブラシ

❶ 重曹と水をまぜて、重曹ペースト

ステーキソース | バーベキューソース | グレイビーソース | 肉汁 | フルーツ | イチゴ | ビーツ

をつくります。重曹大さじ3に水大さじ1が目安です。

❷ シミに❶を塗ります。
❸ 30分ほどおきます。
❹ ブラシで、❸を落とします。
❺ いつも通りに洗濯します。

著者アドバイス
肉の軟化剤という奥の手 ▶ P.43

★ 訳者アドバイス
肉の軟化剤 ▶ P.43

■ それでもとれなければ……

液体石けん　アンモニア

❶ 液体石けんにアンモニアを溶かします。アンモニア120mlに液体石けん小さじ1が目安です。
❷ シミに❶をたっぷりしみこませます。
❸ いつも通りに洗濯します。

カーペットについた場合

○ 基本のシミぬき

塩　古布　スプーン

❶ 布にすりこまないように気をつけながら、古布で、シミを落とします。
❷ シミに塩を振りかけます。
❸ スプーンで、色がついた塩をとりのぞきます。
❹ 乾いた古布で、水分をよく拭きとり、乾かして仕上げます。

● とれなければこの方法で

水　液体石けん　古布　スポンジ

❶ シミに水をたっぷりしみこませます。
❷ 古布で、シミを落とします。
❸ 水に液体石けんを溶かします。水120mlに液体石けん小さじ1/4が目安です。
❹ ❸を含ませた古布で、シミを落とします。
❺ 水を含ませたスポンジで、シミを

落とします。

❻ 乾いた古布で、水分をよく拭きとり、乾かして仕上げます。

■ それでもとれなければ……

オキシドール　古布

❶ シミにオキシドールをたっぷりしみこませます。
❷ 古布で、シミを落とします。
❸ 乾いた古布で、水分をよく拭きとり、乾かして仕上げます。

> **オキシドールに注意**
> オキシドールは、色落ちの原因になることがあるので、必ず目立たないところで試してから使います。

グレイビーソース

洗える布についた場合

○ 基本のシミぬき

水　お湯　液体石けん　アンモニア

スプーン　古布　スポンジ

❶ スプーンで、固形物をできるだけとりのぞきます。
❷ 古布で、シミを落とします。
❸ 水を含ませたスポンジで、シミを落とします。
❹ 水に数時間つけおきします。
❺ お湯に液体石けんとアンモニアを溶かします。お湯120mlに液体石けん小さじ1/4、アンモニア数滴が目安です。
❻ ❺を含ませた古布で、シミを落とします。
❼ いつも通りに洗濯します。

食べ物のシミ

飲み物のシミ

分泌物・排泄物のシミ

文房具のシミ

化粧品・薬品のシミ

アウトドアのシミ

その他のシミ

著者アドバイス
お湯でお洗濯 ▶ P.47

● とれなければこの方法で

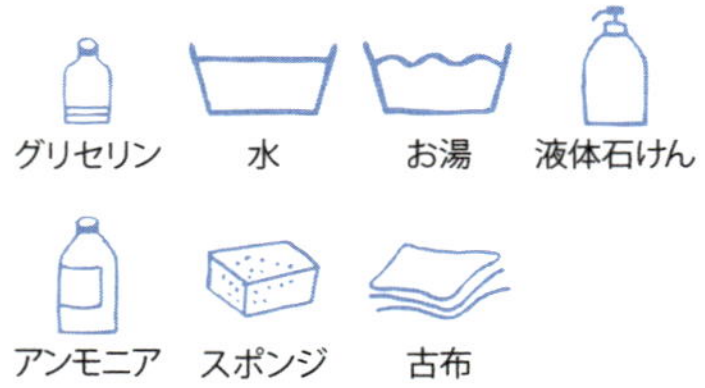

❶　シミにグリセリンを塗ります。
❷　水を含ませたスポンジで、シミを落とします。
❸　水に数時間つけおきします。
❹　お湯に液体石けんとアンモニアを溶かします。お湯 120mℓに液体石けん小さじ 1/4、アンモニア数滴が目安です。
❺　❹を含ませた古布で、シミを落とします。
❻　いつも通りに洗濯します。

著者アドバイス
お湯でお洗濯 ▶ P.47

カーペットについた場合

○ 基本のシミぬき

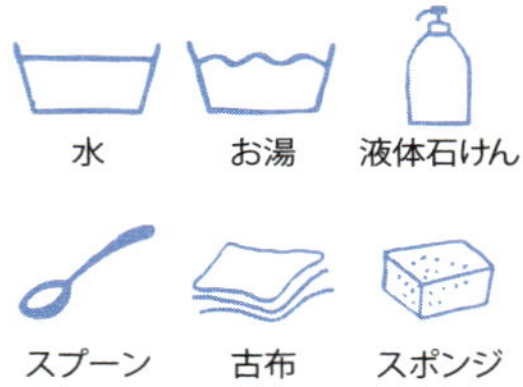

❶　スプーンで、固形物をできるだけとりのぞきます。
❷　古布で、シミを落とします。
❸　水を含ませたスポンジで、シミを落とします。
❹　お湯に液体石けんを溶かします。お湯小さじ４に液体石けん小さじ１が目安です。
❺　❹を含ませた古布で、シミを落とします。
❻　水を含ませた古布で、石けん分を落とします。
❼　乾いた古布で、水分をよく拭きとり、乾かして仕上げます。

● **とれなければこの方法で**

水　アンモニア　古布

----

❶ 水にアンモニアを溶かします。水250mℓにアンモニア大さじ2が目安です。
❷ シミに❶をたっぷりしみこませます。
❸ 古布で、シミを落とします。
❹ 水を含ませた古布で、アンモニア分を落とします。
❺ 乾いた古布で、水分をよく拭きとり、乾かして仕上げます。

インテリアの布についた場合

基本のシミぬき

水　お湯　液体石けん
スプーン　古布　当て布　スポンジ

----

❶ スプーンで、固形物をできるだけとりのぞきます。
❷ 古布で、シミを落とします。
❸ クッションカバーなど、外せるものは外します。カバーが外せなくても、当て布ができる場合は、裏から当て布をします。
❹ 水を含ませたスポンジで、シミを落とします。
❺ お湯に液体石けんを溶かします。お湯小さじ4に液体石けん小さじ1が目安です。
❻ ❺を含ませた古布で、シミを落とします。
❼ 水を含ませたスポンジで、石けん分を落とします。
❽ 乾いた古布で、水分をよく拭きとり、乾かして仕上げます。

● **とれなければこの方法で**

水　アンモニア　古布　スポンジ

----

❶ 水にアンモニアを溶かします。水250mℓにアンモニア大さじ2が目安です。
❷ ❶を含ませた古布で、シミを落とします。
❸ 水を含ませたスポンジで、アンモニア分を落とします。
❹ 乾いた古布で、水分をよく拭きとり、乾かして仕上げます。

肉汁

洗える布についた場合

○ 基本のシミぬき

水

❶ すぐに水で洗います。
❷ いつも通りに洗濯します。

著者アドバイス
作業はぬらしたままで
シミが完全に消えるまで、布はぬらしたままで作業します。途中でアイロンをかけたり、乾燥機で乾かしたりするのもいけません。

● とれなければこの方法で

水　塩　石けん

❶ 水に塩を溶かします。水2ℓに塩240gが目安です。
❷ ❶につけおきします。
❸ 水で洗います。
❹ 石けんをつけて、シミを落とします。
❺ 水で洗います。
❻ いつも通りに洗濯します。

■ それでもとれなければ……

オキシドール

❶ シミにオキシドールをたっぷりしみこませます。
❷ 30分ほどおきます。
❸ いつも通りに洗濯します。

> **オキシドールに注意**
> オキシドールを色柄のある布に使うと、色落ちの原因になることがあるので、必ず目立たないところで試してから使います。

カーペットについた場合

○ 基本のシミぬき

炭酸水　スポンジ　古布

❶ 炭酸水を含ませたスポンジで、シミを落とします。
❷ 乾いた古布で、水分をよく拭きとり、乾かして仕上げます。

● とれなければこの方法で

塩　水　スポンジ　古布

❶ シミに塩を振りかけます。
❷ 水を含ませたスポンジで、シミを落とします。
❸ 乾いた古布で、水分をよく拭きとり、乾かして仕上げます。

■ それでもとれなければ……

重曹　水　スポンジ　古布

❶ 重曹と水をまぜて、重曹ペーストをつくります。重曹大さじ3に水大さじ1が目安です。
❷ シミに❶を塗ります。
❸ 30分ほどおきます。
❹ 水を含ませたスポンジで、シミを落とします。
❺ 乾いた古布で、水分をよく拭きとり、乾かして仕上げます。

インテリアの布についた場合

○ 基本のシミぬき

コーンスターチ　水　当て布　ブラシ

❶ クッションカバーなど、外せるものは外します。カバーが外せなくても、当て布ができる場合は、裏から当て布をします。
❷ コーンスターチと水をまぜて、ペーストをつくります。コーンスターチ大さじ3に水大さじ2が目安です。

食べ物のシミ／飲み物のシミ／分泌物・排泄物のシミ／文房具のシミ／化粧品・薬品のシミ／アウトドアのシミ／その他のシミ

❸　シミに❷を塗ります。
❹　日に当てて乾かします★。
❺　ブラシで、❹を落とします。
❻　水を含ませたスポンジで、シミを落とします。
❼　乾いた古布で、水分をよく拭きとり、乾かして仕上げます。

> **★訳者アドバイス**
> **日に当てて乾かす**
> コーンスターチと水でつくったペーストは、乾燥するまでに時間がかかります。そこで、日に当てて少しでも速く乾かすのがオススメです。

● とれなければこの方法で

❶　重曹と水をまぜて、重曹ペーストをつくります。重曹大さじ3に水大さじ1が目安です。
❷　シミに❶を塗ります。
❸　30分ほどおきます。
❹　ブラシで、❸を落とします。
❺　水を含ませたスポンジで、シミを落とします。
❻　乾いた古布で、水分をよく拭きとり、乾かして仕上げます。

フルーツ

洗える布についた場合

○ 基本のシミぬき

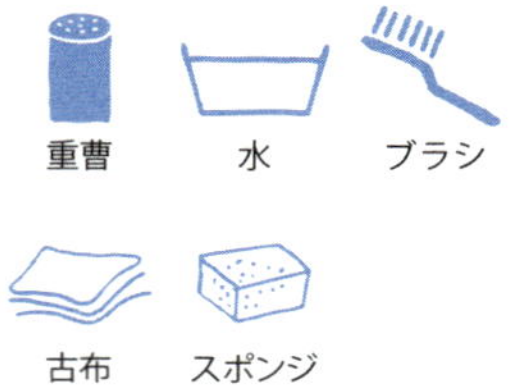

❶　古布で液体を吸いとります。
❷　シミに重曹を振りかけます。
❸　重曹がシミを吸いとったら、ブラシで、❷を落とします。
❹　水を含ませたスポンジで、シミを落とします。
❺　いつも通り洗濯します。

> **著者アドバイス**
> **全体を洗うという方法も**
> 水を含ませたスポンジで、シミを落とすかわりに、一度全体を洗ってしまう方法もあります。

● とれなければこの方法で

水　酢　液体石けん　エッセンシャルオイル

古布

❶　水に酢、液体石けん、エッセンシャルオイルを溶かします。水100mlに、酢200ml、液体石けん数滴、ローズマリーのエッセンシャルオイル小さじ1/4〜1/2が目安です。
❷　シミに❶をたっぷりしみこませます。
❸　15分ほどおきます。
❹　いつも通り洗濯します。

著者アドバイス
作業はぬらしたままで ▶ P.60

■ それでもとれなければ……

レモン　漂白剤

❶　シミにレモンの絞り汁*をたっぷりしみこませます。
❷　30分ほどおきます。
❸　いつも通りに洗濯します。
❹　シミが残っている場合は、漂白剤*を加えて、洗濯します。

★ 訳者アドバイス
レモンの絞り汁
生のレモンを絞って使う場合は、コーヒーフィルターでこすと、絞りかすのまじらないジュースができるので、洗濯には便利です。レモンはクエン酸水で代用することもできます。

漂白剤
漂白剤と書いてある場合は、塩素系ではなく酸素系漂白剤を使います。

色落ちしない
洗える布に
ついた場合

☆ ついたばかりなら……

水　熱湯

スポンジ　耐熱容器　ゴム

❶　水を含ませたスポンジで、シミを落とします。
❷　スポンジに色がつかなくなるまで、❶をくり返します。
❸　バスタブなどのお湯がはねても安

全な場所で、シミがついた面を下にして、布を耐熱容器の上に広げ、動かないようにゴムでとめます。
❹ 50cm〜1mほど上からシミに向かって熱湯をかけます。
❺ いつも通り洗濯し、風に当てて乾かします*。

> **熱湯は麻やコットン以外は NG**
> 熱湯を使うこの方法は、耐熱性のある麻やコットン以外の布には使えません。

★ 訳者アドバイス
風に当てて乾かす ▶ P.49

カーペットについた場合

○ 基本のシミぬき

炭酸水　水　液体石けん　古布

❶ 古布で、シミを落とします。
❷ 炭酸水を含ませた古布で、シミを落とします。
❸ 水に液体石けんを溶かします。水120mlに液体石けん小さじ1/4が目安です。
❹ ❸を含ませた古布で、シミを落とします。
❺ 水を含ませた古布で、シミを落とします。
❻ 乾いた古布で、水分をよく拭きとり、乾かして仕上げます。

インテリアの布についた場合

○ 基本のシミぬき

炭酸水　水　液体石けん

古布　当て布　スポンジ

❶ 古布で、シミを落とします。
❷ クッションカバーなど、外せるものは外します。カバーが外せなくても、当て布ができる場合は、裏から当て布をします。
❸ 炭酸水を含ませたスポンジで、シミを落とします。
❹ 水に液体石けんを溶かします。水120mlに液体石けん小さじ1/4が目安です。

❺ ❹を含ませた古布で、シミを落とします。

❻ 水を含ませたスポンジで、シミを落とします。

❼ 乾いた古布で、水分をよく拭きとり、乾かして仕上げます。

著者アドバイス
フルーツのシミには熱が禁物
シミぬきのポイントは熱を加えないこと。熱湯を使うのはもちろん、作業の途中でアイロンをかけたり乾燥機で乾かしたりするのもいけません。

イチゴ

洗える布についた場合

○ 基本のシミぬき

水

❶ 水で洗います。

❷ 色が目立たなくなったら、いつも通りに洗濯します。

著者アドバイス
木の実のシミは流水★で洗いながす
赤や紫の木の実は、しみこみが早いのが特徴です。ついてしまったら、急いで流水で洗いながします。

★ 訳者アドバイス
流水で洗いながす
濃い色のシミをためた水で洗うと、シミ以外の部分に色素がついてしまうことがあるので、流水で洗いながします。

食べ物のシミ | 飲み物のシミ | 分泌物・排泄物のシミ | 文房具のシミ | 化粧品・薬品のシミ | アウトドアのシミ | その他のシミ

● とれなければこの方法で

水　レモン

❶ シミにレモンの絞り汁をたっぷりしみこませます。
❷ 30分ほどおきます。
❸ 水で洗います。
❹ いつも通りに洗濯し、日に当てて乾かします。

著者アドバイス
レモンを直接すりこむ
レモンの絞り汁のかわりに、レモンの切り口でシミをこすっても同様の効果があります。

レモンをつけて日に当てる★
レモンにつけて日に当てるこの方法は、白い布以外には使えません。

★訳者アドバイス
レモンをつけて日に当てる
もともと日光には漂白の作用があり、金髪の友人は「冬は日に当たる時間が短いから、髪が黒っぽくなる」といっていました。その日光の漂白作用を促進するのが、レモンです。レモンをつけて日に当てると、色が抜けて白くなります。この方法は昔からシミぬきに使われてきましたが、色柄ものをこの方法で脱色すると、そこだけ色が薄くなってしまうことがあります。「レモンをつけて日に当てる」というシミぬき方法が白い布限定になっているのは、そのあなどれない漂白効果のためです。

■ それでもとれなければ……

お湯　グリセリン　水　レモン

❶ お湯にグリセリンを溶かします。お湯100mlにグリセリン100mlが目安です。
❷ シミに❶をたっぷりしみこませます。
❸ 1時間ほどおきます。
❹ 水で洗います。
❺ シミにレモンの絞り汁をたっぷりしみこませます。

❻ 30分ほどおきます。
❼ 水で洗います。
❽ いつも通りに洗濯し、日に当てて乾かします。

著者アドバイス
レモンをつけて日に当てる★
▶ P.66

◘ どうしてもとれなければ……

エタノール　水　古布　スポンジ

❶ 消毒用エタノールを含ませた古布で、シミを落とします。
❷ 水を含ませたスポンジで、シミを落とします。
❸ いつも通りに洗濯します。

> **消毒用エタノールに注意**
> 消毒用エタノールは、色落ちの原因になったり、布を傷めたりすることがあるので、必ず目立たないところで試してから使います。

ビーツ

洗える布についた場合

○ 基本のシミぬき

水　お湯　ほう砂

❶ 水で洗います。
❷ お湯にほう砂★を溶かします。お湯500mlにほう砂大さじ1が目安です。
❸ ❷につけおきします。
❹ シミが浮きあがってきたら、いつも通りに洗濯します。

★ 訳者アドバイス
ほう砂 ▶ P.46

流水で洗いながす ▶ P.65

食べ物のシミ

飲み物のシミ

分泌物・排泄物のシミ

文房具のシミ

化粧品・薬品のシミ

アウトドアのシミ

その他のシミ

縦書きサイドタブ: ビーツ／トマト／ケチャップ／マスタード／ジャム／バター／マーガリン

色落ちしない洗える布についた場合

☆ ついたばかりなら……

水　ほう砂　熱湯
耐熱容器　ゴム

❶ 水で洗います。
❷ バスタブなどのお湯がはねても安全な場所で、シミがついた面を下にして、布を耐熱容器の上に広げ、動かないようにゴムでとめます。
❸ シミにほう砂※を振りかけます。
❹ 50cm〜1mほど上からシミに向かって熱湯をかけます。
❺ いつも通りに洗濯します。

> **熱湯は麻やコットン以外は NG**
> 熱湯を使うこの方法は、耐熱性のある麻やコットン以外の布には使えません。

★ 訳者アドバイス
ほう砂 ▶ P.46

トマト

洗える布についた場合

○ 基本のシミぬき

重曹　水　酢　液体石けん
スプーン　古布　スポンジ

❶ スプーンで、固形物をできるだけとりのぞきます。
❷ 古布で、シミを落とします。
❸ シミに重曹を振りかけます。
❹ 30分ほどおきます。
❺ ブラシで、❹をはたき落とします。
❻ 水を含ませたスポンジで、シミを落とします。
❼ 水に酢を溶かします。水50mlに酢50mlが目安です。
❽ ❼を含ませたスポンジで、シミを落とします。
❾ 水で洗います。
❿ 水に液体石けんを溶かします。水

120mlに液体石けん小さじ 1/4 が目安です。
⓫ ❿を含ませたスポンジで、シミを落とします。
⓬ いつも通りに洗濯します。
⓭ シミが完全にとれていることを確認してから、風に当てて乾かします[*]。

著者アドバイス
お湯でお洗濯 ▶ P.47

★ 訳者アドバイス
風に当てて乾かす ▶ P.49

● とれなければこの方法で

酵素洗剤

❶ 酵素洗剤[*]に 30 分ほどつけおきします。
❷ いつも通りに洗濯します。
❸ シミが完全にとれていることを確認してから、風に当てて乾かします[*]。

★ 訳者アドバイス
酵素洗剤 ▶ P.50

風に当てて乾かす ▶ P.49

ケチャップ

洗える布についた場合

○ 基本のシミぬき

水　液体石けん　古布　スポンジ

❶ 古布で、シミを落とします。
❷ 水を含ませたスポンジで、シミを落とします。
❸ 水に 1 時間ほどつけおきします。
❹ 水に液体石けんを溶かします。水120mlに液体石けん小さじ 1/4 が目安です。
❺ ❹を含ませた古布で、シミを落とします。
❻ いつも通りに洗濯します。

著者アドバイス
**古くなったシミや
デニムについたシミ**

落ちにくいので、ひと晩、冷水につけおきしてから、シミぬきします。

食べ物のシミ｜飲み物のシミ｜分泌物・排泄物のシミ｜文房具のシミ｜化粧品・薬品のシミ｜アウトドアのシミ｜その他のシミ

側面タブ(縦書き): ビーツ／トマト／ケチャップ／マスタード／ジャム／バター／マーガリン

著者アドバイス
お湯でお洗濯 ▶ P.47

● とれなければこの方法で

水　アンモニア

❶ 水にアンモニアを溶かします。水120mℓにアンモニア小さじ1が目安です。
❷ いつも通りに洗濯します。

■ それでもとれなければ……

重曹　水　ブラシ

❶ 重曹と水をまぜて、重曹ペーストをつくります。重曹大さじ3に水大さじ1が目安です。
❷ シミに❶を塗ります。
❸ 30分ほどおきます。
❹ ブラシで、❸を落とします。
❺ いつも通りに洗濯します。

著者アドバイス
肉の軟化剤★という奥の手 ▶ P.43

★ 訳者アドバイス
肉の軟化剤 ▶ P.43

カーペットについた場合

○ 基本のシミぬき

塩　古布　スプーン

❶ 古布で、シミを落とします。
❷ シミに塩を振りかけます。
❸ スプーンで、色がついた塩をとりのぞきます。
❹ 乾いた古布で、水分をよく拭きとり、乾かして仕上げます。

● とれなければこの方法で

水　液体石けん　古布　スポンジ

❶ シミに水をたっぷりしみこませます。
❷ 古布で、シミを落とします。
❸ 古布に色がつかなくなるまで、❶〜❷をくり返します。
❹ 水に液体石けんを溶かします。水120mℓに液体石けん小さじ1/4が目安です。
❺ ❹を含ませた古布で、シミを落とします。

❻ 水を含ませたスポンジで、シミを落とします。
❼ 乾いた古布で、水分をよく拭きとり、乾かして仕上げます。

■ それでもとれなければ……

オキシドール　古布

❶ シミにオキシドールをたっぷりしみこませます。
❷ 古布で、シミを落とします。
❸ 乾いた古布で、水分をよく拭きとり、乾かして仕上げます。

> **オキシドールに注意**
> オキシドールは、色落ちの原因になることがあるので、必ず目立たないところで試してから使います。

マスタード

洗える布についた場合

○ 基本のシミぬき

お湯　液体石けん　スプーン　スポンジ

❶ スプーンで、固形物をできるだけとりのぞきます。
❷ お湯に液体石けんを溶かします。お湯120mlに液体石けん小さじ1/4が目安です。
❸ ❷を含ませたスポンジで、シミを落とします。
❹ いつも通りに洗濯します。

> **マスタードは速攻で勝負**
> マスタードは、シミになるととれにくいので、布についてしまったら、すぐにとりのぞき、シミぬきの作業をしてください。

食べ物のシミ

飲み物のシミ

分泌物・排泄物のシミ

文房具のシミ

化粧品・薬品のシミ

アウトドアのシミ

その他のシミ

ビーツ｜トマト｜ケチャップ｜マスタード｜ジャム｜バター｜マーガリン

● **とれなければこの方法で**

お湯　酢　スポンジ

❶ お湯に酢を溶かします。お湯100mlに酢50mlが目安です。
❷ ❶を含ませたスポンジで、シミを落とします。
❸ いつも通りに洗濯します。

■ **それでもとれなければ……**

グリセリン　水　お湯　液体石けん

スポンジ

❶ シミにグリセリンをたっぷりしみこませます。
❷ 30分ほどおきます。
❸ 水で洗います。
❹ お湯に液体石けんを溶かします。お湯120mlに液体石けん小さじ1/4が目安です。
❺ ❹を含ませたスポンジで、シミを落とします。
❻ いつも通りに洗濯します。

> **熱を加えるのはシミがとれてから**
> 乾燥機やアイロンなどの熱は、シミを黒ずませ、落ちにくくするので、シミが完全にとれるまでは使わないようにします。

◘ **どうしてもとれなければ……**

オキシドール

❶ シミにオキシドールをたっぷりしみこませます。
❷ 30分ほどおきます。
❸ いつも通りに洗濯します。

> **オキシドールに注意**
> オキシドールは、色落ちの原因になることがあるので、必ず目立たないところで試してから使います。

カーペットについた場合

○ 基本のシミぬき

水　グリセリン　お湯　液体石けん
スプーン　古布

❶ スプーンで、固形物をできるだけとりのぞきます。
❷ 水を含ませた古布で、シミを落とします。
❸ 古布を水で洗いながら、作業をします。
❹ シミにグリセリンをたっぷりしみこませます。
❺ 30分ほどおきます。
❻ お湯に液体石けんを溶かします。お湯120mlに液体石けん小さじ1/4が目安です。
❼ ❻を含ませた古布で、シミを落とします。
❽ 水を含ませた古布で、シミを落とします。
❾ 乾いた古布で、水分をよく拭きとり、乾かして仕上げます。

● とれなければこの方法で

お湯　酢　水　古布

❶ お湯に酢を溶かします。お湯100mlに酢50mlが目安です。
❷ ❶を含ませた古布で、シミを落とします。
❸ 水を含ませた古布で、シミを落とします。
❹ 乾いた古布で、水分をよく拭きとり、乾かして仕上げます。

インテリアの布についた場合

○ 基本のシミぬき

水　グリセリン　お湯　液体石けん
スプーン　当て布　古布

❶ スプーンで、固形物をできるだけとりのぞきます。
❷ クッションカバーなど、外せるものは外します。カバーが外せなくても、当て布ができる場合は、裏から当て布

ジャム

洗える布についた場合

○ 基本のシミぬき

水　液体石けん　スプーン　スポンジ

❶ スプーンで、固形物をできるだけとりのぞきます。

❷ 水で洗います。

❸ 水に液体石けんを溶かします。水120mlに液体石けん小さじ1が目安です。

❹ ❸を含ませたスポンジで、シミを落とします。

❺ いつも通りに洗濯します。

● とれなければこの方法で

レモン　漂白剤

❶ シミにレモンの絞り汁をたっぷりしみこませます。

をします。

❸ 水を含ませた古布で、シミを落とします。

❹ 古布を水で洗いながら、作業をします。

❺ シミにグリセリンをたっぷりしみこませます。

❻ 30分ほどおきます。

❼ お湯に液体石けんを溶かします。お湯120mlに液体石けん小さじ1/4が目安です。

❽ ❼を含ませた古布で、シミを落とします。

❾ 水を含ませた古布で、シミを落とします。

❿ 乾いた古布で、水分をよく拭きとり、乾かして仕上げます。

● とれなければこの方法で

お湯　酢　水　古布

❶ お湯に酢をまぜます。お湯100mlに酢50mlが目安です。

❷ ❶を含ませた古布で、シミを落とします。

❸ 水を含ませた古布で、シミを落とします。

❹ 乾いた古布で、水分をよく拭きとり、乾かして仕上げます。

❷ 30分ほどおきます。
❸ 漂白剤*を加えて、いつも通りに洗濯します。

★ 訳者アドバイス
漂白剤 ▶ P.63

■ それでもとれなければ……

グリセリン　水　ほう砂

❶ シミにグリセリンを塗ります。
❷ 30分ほどおきます。
❸ 水で洗います。
❹ 水にほう砂*を溶かします。水500mlにほう砂大さじ1が目安です。
❺ ❹に30分ほどつけおきします。
❻ いつも通りに洗濯します。

> **著者アドバイス**
> **フルーツのシミに石けんと熱はNG**
> フルーツのシミは、石けんを使うととれなくなってしまいます。また、熱を加えると糖分が落ちなくなります。シミが完全にとれるまでは、石けんや熱を加えてはいけません。

★ 訳者アドバイス
ほう砂 ▶ P.46

カーペットについた場合

○ 基本のシミぬき

水　液体石けん

スプーン　スポンジ　古布

❶ スプーンで、固形物をできるだけとりのぞきます。
❷ 水で洗います。
❸ 水に液体石けんを溶かします。水250mlに液体石けん小さじ1が目安です。
❹ ❸を含ませたスポンジで、シミを落とします。
❺ 水を含ませたスポンジで、シミを落とします。
❻ 乾いた古布で、水分をよく拭きとり、乾かして仕上げます。

インテリアの布についた場合

○ 基本のシミぬき

❶　スプーンで、固形物をできるだけとりのぞきます。

❷　クッションカバーなど、外せるものは外します。カバーが外せなくても、当て布ができる場合は、裏から当て布をします。

❸　お湯を含ませたスポンジで、シミを落とします。

❹　お湯に液体石けんを溶かします。お湯 250mℓに液体石けん小さじ 1 が目安です。

❺　❹を含ませたスポンジで、シミを落とします。

❻　水を含ませたスポンジで、シミを落とします。

❼　乾いた古布で、水分をよく拭きとり、乾かして仕上げます。

コットンや麻についた場合

○ 基本のシミぬき

❶　シミにレモンの絞り汁をたっぷりしみこませます。

❷　水で洗います。

❸　いつも通りに洗濯し、日に当てて乾かします。

著者アドバイス
レモンをつけて日に当てる★
▶ P.66

★ 訳者アドバイス
レモンをつけて日に当てる
▶ P.66

バター

洗える布についた場合

○ 基本のシミぬき

お湯　液体石けん　アンモニア

古布　スポンジ

❶ 古布で、固形物をできるだけとりのぞきます。

❷ お湯に液体石けんとアンモニアを溶かします。お湯120ccに液体石けん小さじ1/4、アンモニア数滴が目安です。

❸ ❷を含ませた古布で、シミを落とします。

❹ いつも通りに洗濯します。

> 著者アドバイス
> **お湯でお洗濯** ▶ P.47

● とれなければこの方法で

グリセリン

❶ シミにグリセリンをたっぷりしみこませます。

❷ いつも通りに洗濯します。

カーペットについた場合

○ 基本のシミぬき

お湯　液体石けん　水

古布　スポンジ

❶ 古布で、固形物をできるだけとりのぞきます。

❷ お湯に液体石けんを溶かします。お湯250ccに液体石けん大さじ1〜2が目安です。

❸ ❷を含ませた古布で、シミを落とします。

❹ 水を含ませたスポンジで、シミを落とします。

❺ 乾いた古布で、水分をよく拭きと

インテリアの布についた場合

○ 基本のシミぬき

お湯　液体石けん　水

古布　当て布　スポンジ

❶ 古布で、固形物をできるだけとりのぞきます。

❷ クッションカバーなど、外せるものは外します。カバーが外せなくても、当て布ができる場合は、裏から当て布をします。

❸ お湯に液体石けんを溶かします。お湯250ccに液体石けん大さじ1～2が目安です。

❹ ❸を含ませた古布で、シミを落とします。

❺ 水を含ませたスポンジで、シミを落とします。

❻ 乾いた古布で、水分をよく拭きとり、乾かして仕上げます。

マーガリン

洗える布についた場合

○ 基本のシミぬき

お湯　液体石けん　アンモニア

古布　スポンジ

❶ 古布で、固形物をできるだけとりのぞきます。

❷ お湯に液体石けんとアンモニアを溶かします。お湯120ccに液体石けん小さじ1/4、アンモニア数滴が目安です。

❸ ❷を含ませた古布で、シミを落とします。

❹ いつも通りに洗濯します。

> **著者アドバイス**
> **お湯でお洗濯** ▶ P.47

● とれなければこの方法で

グリセリン

❶ シミにグリセリンをたっぷりしみこませます。
❷ いつも通りに洗濯します。

カーペットについた場合

○ 基本のシミぬき

お湯　液体石けん　水

古布　スポンジ

❶ 古布で、固形物をできるだけとりのぞきます。
❷ お湯に液体石けんを溶かします。お湯 250mℓに液体石けん小さじ1が目安です。
❸ ❷を含ませた古布で、シミを落とします。
❹ 水を含ませたスポンジで、シミを落とします。
❺ 乾いた古布で、水分をよく拭きとり、乾かして仕上げます。

インテリアの布についた場合

○ 基本のシミぬき

お湯　液体石けん　水

古布　当て布　スポンジ

❶ 古布で、固形物をできるだけとりのぞきます。
❷ クッションカバーなど、外せるものは外します。カバーが外せなくても、当て布ができる場合は、裏から当て布をします。
❸ お湯に液体石けんを溶かします。お湯 250ccに液体石けん大さじ1～2が目安です。
❹ ❸を含ませた古布で、シミを落とします。
❺ 乾いた古布で、水分を拭きとります。
❻ 水を含ませたスポンジで、シミを落とします。
❼ 乾いた古布で、水分をよく拭きとり、乾かして仕上げます。

食べ物のシミ｜飲み物のシミ｜分泌物・排泄物のシミ｜文房具のシミ｜化粧品・薬品のシミ｜アウトドアのシミ｜その他のシミ

しょうゆ

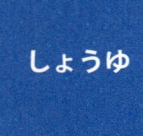

洗える布についた場合

○ 基本のシミぬき

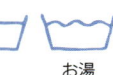

水　お湯　酢　液体石けん
ペーパータオル　スポンジ

❶ ペーパータオルで、水分を吸いとります。
❷ 水を含ませたスポンジで、シミを落とします。
❸ お湯に酢を溶かします。お湯250mlに酢大さじ1が目安です。
❹ シミに❸をたっぷりしみこませます。
❺ 水に液体石けんを溶かします。水120mlに液体石けん小さじ1/4が目安です。
❻ 水で洗います。
❼ ❻を含ませた古布で、シミを落とします。
❽ いつも通りに洗濯します。

● とれなければこの方法で

グリセリン　水　お湯　酢
液体石けん　スポンジ

❶ シミにグリセリンをたっぷりしみこませます。
❷ 30分ほどおきます。
❸ 水を含ませたスポンジで、シミを落とします。
❹ お湯に酢を溶かします。お湯250mlに酢大さじ1が目安です。
❺ シミに❹をたっぷりしみこませます。
❻ 水に液体石けんを溶かします。水120mlに液体石けん小さじ1/4が目安です。
❼ ❻を含ませた古布で、シミを落とします。
❽ いつも通りに洗濯します。

■ それでもとれなければ……

酵素洗剤

❶ シミに酵素洗剤[*]をつけます。
❷ いつも通りに洗濯します。

★ 訳者アドバイス
酵素洗剤 ▶ P.50

◘ どうしてもとれなければ……

エタノール

❶ シミに消毒用エタノールをたっぷりしみこませます。
❷ いつも通りに洗濯します。

> **消毒用エタノールに注意**
> 消毒用エタノールは、色落ちの原因になったり、布を傷めたりすることがあるので、必ず目立たないところで試してから使います。

著者のアドバイス
ウールなどにエタノールをつける
ウールやシルク、アセテートなどについたシミに消毒用エタノールをつける場合は、エタノール小さじ1を水小さじ1でうすめてから使います。

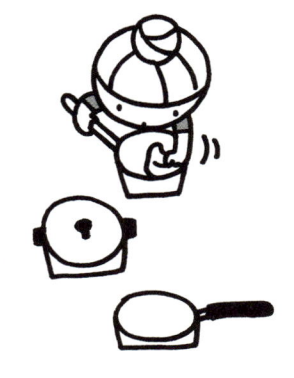

食べ物のシミ

飲み物のシミ

分泌物・排泄物のシミ

文房具のシミ

化粧品・薬品のシミ

アウトドアのシミ

その他のシミ

ヨーグルト

洗える布についた場合

○ 基本のシミぬき

水　お湯　液体石けん
スプーン　スポンジ　古布

❶ スプーンで、固形物をできるだけとりのぞきます。
❷ 水を含ませたスポンジで、シミを落とします。
❸ お湯に液体石けんを溶かします。お湯120mlに液体石けん小さじ1/4が目安です。
❹ ❸を含ませた古布で、シミを落とします。
❺ いつも通りに洗濯し、風を当てて乾かします*。

★ 訳者アドバイス
風に当てて乾かす ▶ P.49

● とれなければこの方法で

酵素洗剤

❶ シミに酵素洗剤*につけます。
❷ いつも通りに洗濯し、風に当てて乾かします*。

★ 訳者アドバイス
酵素洗剤 ▶ P.50

風に当てて乾かす ▶ P.49

アイスクリーム

洗える布についた場合

○ 基本のシミぬき

水　お湯　液体石けん
スプーン　スポンジ　古布

❶ スプーンで、固形物をできるだけとりのぞきます。
❷ 水で洗います。
❸ お湯に液体石けんを溶かします。お湯250mlに液体石けん小さじ1が目安です。
❹ ❸を含ませた古布で、シミを落とします。
❺ いつも通りに洗濯します。

チョコレートアイスクリーム

洗える布についた場合

○ 基本のシミぬき

水　スプーン　古布　スポンジ

❶ スプーンで、固形物をできるだけとりのぞきます。
❷ 古布で、シミを落とします。
❸ 水を含ませたスポンジで、シミを落とします。
❹ いつも通りに洗濯します。

● とれなければこの方法で

お湯　液体石けん　スポンジ

❶ お湯に液体石けんを溶かします。お湯250mlに液体石けん小さじ1が目安です。
❷ ❶を含ませたスポンジで、シミを落とします。

食べ物のシミ

飲み物のシミ

分泌物・排泄物のシミ

文房具のシミ

化粧品・薬品のシミ

アウトドアのシミ

その他のシミ

縦書き見出し(左端): しょうゆ / ヨーグルト / アイスクリーム / チョコレートアイスクリーム / フルーツアイスクリーム / ミルクチョコレート / ダークチョコレート

❸ いつも通りに洗濯します。

カーペットについた場合

○ 基本のシミぬき

水　グリセリン

スプーン　古布　スポンジ

❶ スプーンで、固形物をできるだけとりのぞきます。
❷ 古布で、シミを落とします。
❸ 水を含ませたスポンジで、シミを落とします。
❹ シミにグリセリンをたっぷりしみこませます。
❺ 古布で、シミを落とします。
❻ 水を含ませたスポンジで、シミを落とします。
❼ 乾いた古布で、水分をよく拭きとり、乾かして仕上げます。

インテリアの布についた場合

○ 基本のシミぬき

水　グリセリン

スプーン　当て布　古布　スポンジ

❶ スプーンで、固形物をできるだけとりのぞきます。
❷ クッションカバーなど、外せるものは外します。カバーが外せなくても、当て布ができる場合は、裏から当て布をします。
❸ 古布で、シミを落とします。
❹ 水を含ませたスポンジで、シミを落とします。
❺ 古布で、シミを落とします。
❻ シミにグリセリンをたっぷりしみこませます。
❼ 古布で、シミを落とします。
❽ 水で洗います。
❾ 乾いた古布で、水分をよく拭きとり、乾かして仕上げます。

食べ物のシミ / 飲み物のシミ / 分泌物・排泄物のシミ / 文房具のシミ / 化粧品・薬品のシミ / アウトドアのシミ / その他のシミ

フルーツアイスクリーム

洗える布についた場合

○ 基本のシミぬき

重曹　水　スプーン　スポンジ

❶ スプーンで、固形物をできるだけとりのぞきます。
❷ シミに重曹を振りかけます。
❸ 15分ほどおきます。
❹ ブラシで、❸を落とします。
❺ 水を含ませたスポンジで、シミを落とします。
❻ いつも通りに洗濯します。

著者アドバイス
全体を洗うという方法も ▶ P.62

ミルクチョコレート

洗える布についた場合

○ 基本のシミぬき

水　古布　スポンジ

❶ 古布で、シミを落とします。
❷ 水を含ませたスポンジで、シミを落とします。
❸ いつも通りに洗濯します。

● とれなければこの方法で

水　液体石けん　古布

❶ 水に液体石けんを溶かします。水250mlに液体石けん小さじ1が目安です。
❷ ❶を含ませた古布で、シミを落とします。
❸ いつも通りに洗濯します。

しょうゆ / ヨーグルト / アイスクリーム / チョコレートアイスクリーム / フルーツアイスクリーム / ミルクチョコレート / ダークチョコレート	

■ それでもとれなければ……

水　液体石けん　アンモニア　古布

❶ 水に液体石けんとアンモニアを溶かします。水250mlに液体石けん小さじ１、アンモニア数滴が目安です。
❷ ❶を含ませた古布で、シミを落とします。
❸ いつも通りに洗濯します。

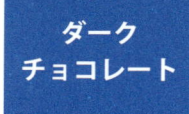

ダークチョコレート

洗える布についた場合

○ 基本のシミぬき

水　古布　スポンジ

❶ 古布で、シミを落とします。
❷ 水を含ませたスポンジで、シミを落とします。
❸ いつも通りに洗濯します。

● とれなければこの方法で

水　液体石けん　古布

❶ 水に液体石けんを溶かします。水250mlに液体石けん小さじ１が目安です。
❷ ❶を含ませた古布で、シミを落とします。
❸ いつも通りに洗濯します。

■ それでもとれなければ……

水　液体石けん　アンモニア　古布

❶　水に液体石けんとアンモニアを溶かします。水 250mℓ に液体石けん小さじ1、アンモニア数滴が目安です。
❷　❶を含ませた古布で、シミを落とします。
❸　いつも通りに洗濯します。

色落ちしない洗える布についた場合

☆ ついたばかりなら……

水　ほう砂　熱湯
耐熱容器　ゴム

❶　水で洗います。
❷　バスタブなどのお湯がはねても安全な場所で、シミがついた面を下にして、布を耐熱容器の上に広げ、動かないようにゴムでとめます。
❸　シミにほう砂*を振りかけます。
❹　50cm〜1mほど上からシミに向かって熱湯をかけます。
❺　いつも通りに洗濯します。

> ❗ **熱湯は麻やコットン以外は NG**
> 熱湯を使うこの方法は、耐熱性のある麻やコットン以外の布には使えません。

★ 訳者アドバイス
ほう砂 ▶ P.46

カーペットについた場合

○ 基本のシミぬき

水　グリセリン　古布　スポンジ

❶　古布で、シミを落とします。
❷　水を含ませたスポンジで、シミを落とします。
❸　シミにグリセリンをたっぷりしみこませます。
❹　水を含ませたスポンジで、シミを落とします。
❺　乾いた古布で、水分をよく拭きとり、乾かして仕上げます。

インテリアの布についた場合

○ 基本のシミぬき

水　グリセリン
古布　当て布　スポンジ

❶ 古布で、シミを落とします。
❷ クッションカバーなど、外せるものは外します。カバーが外せなくても、当て布ができる場合は、裏から当て布をします。
❸ 水を含ませたスポンジで、シミを落とします。
❹ シミにグリセリンをたっぷりしみこませます。
❺ 水を含ませたスポンジで、シミを落とします。
❻ 乾いた古布で、水分をよく拭きとり、乾かして仕上げます。

キャンディ

洗える布についた場合

○ 基本のシミぬき

お湯　クレジットカード

❶ クレジットカード★で、固形物をできるだけ落とします。
❷ お湯につけおきします。
❸ いつも通りに洗濯します。

★ 訳者アドバイス
クレジットカード

現在使っているクレジットカードを使うという話ではもちろんありません。いらなくなったクレジットカードやメンバーズカードのような薄いプラスチックカードを使うと、固形物などがうまくこそげ落とせるので、ここでは便宜上「クレジットカード」と書いてあります。クレジットカードがない場合は、切れすぎないナイフや爪を使うとよいでしょう。

● **とれなければこの方法で**

お湯　液体石けん　古布

❶　お湯に液体石けんを溶かします。お湯 250mlに液体石けん小さじ 1 が目安です。
❷　シミに❶を塗ります。
❸　古布で、シミを落とします。
❹　いつも通りに洗濯します。

◉ **赤いシミがついたら……**

レッドイレイズ

❶　シミにレッドイレイズ[*]をたっぷりしみこませます。
❷　いつも通りに洗濯します。

> ★ 訳者アドバイス
> **レッドイレイズ**
> エバーグリーン・ラボという会社が出しているシミぬきです。植物の抽出液を使ったシミぬきで、赤などの明るい色のシミに効果があるといわれます。商品の詳細については、ウェブサイトで見ることができます。
> http://www.rederase.com
> 『掃除の女王』の著者リンダ・コブがそのパワーを絶賛した商品ですが、日本で入手するのは困難です。

カーペットについた場合

○ **基本のシミぬき**

お湯　酢　水

クレジットカード　古布　スポンジ

❶　クレジットカード[*]で、固形物をできるだけ落とします。
❷　お湯に酢を溶かします。お湯 250mlに酢小さじ 1/4 が目安です。
❸　❷を含ませた古布で、シミを落とします。
❹　水を含ませたスポンジで、シミを落とします。
❺　乾いた古布で、水分をよく拭きとり、乾かして仕上げます。

縦書き見出し(左側):
ダークチョコレート / キャンディ / ガム / シロップ

著者アドバイス
砂糖の入ったシミ

息子のジーンズのおしりのポケットに真っ赤なシミがあるのを見つけて、私はハイテクツールをとり出しました。そう、私の爪とクレジットカードです。赤いグミをできるだけクレジットカードと爪でとりのぞきました。幸い丈夫なデニムでしたから、布を傷める心配はありません。ほとんどとれましたが、それでも5〜6cmの長さの赤いシミが残ってしまいました。シミを下に向けて、そこに使い古したスポーツソックスを当て布のかわりに当て、表からお湯をかけて、白い布でシミをこすりました。時々、ジーンズをとって、色が当て布に移っていっているのを確認しながら、色がつかなくなるまで裏からシミを押しだしつづけました。
ジーンズのシミが見えなくなったところで、250mlの水にピュッと液体石けんを入れたものをスポンジにたっぷりしみこませて、シミに塗りました。
その後は、いつも通りに洗濯します。すると息子のジーンズにベトベトしたグミの跡はなくなりました。
水と布、そしてちょっと手をかけただけで、シミを落とすことができたのです。

インテリアの布についた場合

○ 基本のシミぬき

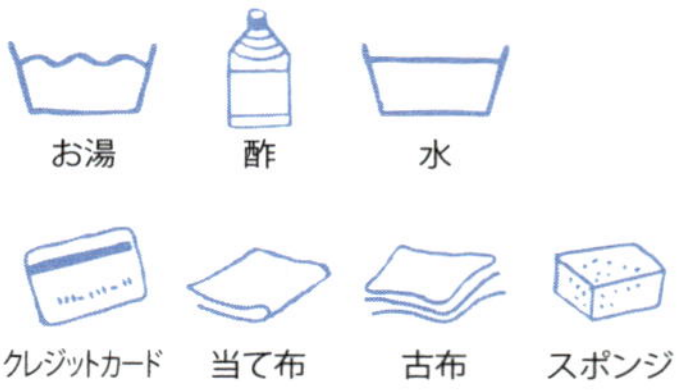

お湯　酢　水
クレジットカード　当て布　古布　スポンジ

❶ クレジットカード★で、固形物をできるだけ落とします。

❷ クッションカバーなど、外せるものは外します。カバーが外せなくても、当て布ができる場合は、裏から当て布をします。

❸ お湯に酢を溶かします。お湯250mlに酢小さじ1/4が目安です。

❹ ❸を含ませた古布で、シミを落とします。

❺ 水を含ませたスポンジで、シミを落とします。

❻ 乾いた古布で、水分をよく拭きとり、乾かして仕上げます。

★ 訳者アドバイス
クレジットカード ▶ P.88

ガム

洗える布についた場合

○ 基本のシミぬき

ビニール袋 クレジットカード

❶ ビニール袋に布を入れて、ガムにビニールを押しつけます。
❷ 袋ごと冷凍庫に1時間ほど入れて、ガムを凍らせます。
❸ ❷を冷凍庫からとり出し、ビニールの上からガムをつかんで、繊維を傷めないようにしながら静かにガムをはがします。
❹ クレジットカード*で、残ったガムをこそぎ落とします。

★ 訳者アドバイス
クレジットカード ▶ P.88

● とれなければこの方法で

お湯　液体石けん　古布

❶ お湯に液体石けんを溶かします。お湯120mlに液体石けん小さじ1/4が目安です。
❷ ❶を含ませた古布で、シミを落とします。
❸ いつも通りに洗濯します。

■ それでもとれなければ……

グリセリン クレジットカード

❶ グリセリンをつけてガムを柔らかくします。
❷ クレジットカード*で、残ったガムをこそぎ落とします。
❸ いつも通り洗濯します。

★ 訳者アドバイス
クレジットカード ▶ P.88

ダークチョコレート / キャンディ / **ガム** / シロップ

カーペットについた場合

○ 基本のシミぬき

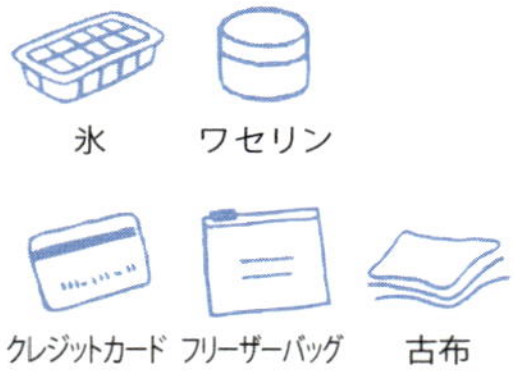

氷　ワセリン
クレジットカード　フリーザーバッグ　古布

❶ クレジットカード[★]で、ガムを落とします。
❷ フリーザーバッグに氷を入れて、ファスナーを閉じます。
❸ ガムの上に❷をのせ、ガムが硬くなるまで冷やします。
❹ 固まったガムをクレジットカードで、落とします。
❺ シミにワセリンをすりこみます。
❻ クレジットカードで、落とします。
❼ ワセリンをつけた古布で、残ったガムをとりのぞきます。
❽ いつも通りに洗濯します。

> ★ 訳者アドバイス
> **クレジットカード** ▶ P.88

インテリアの布についた場合

○ 基本のシミぬき

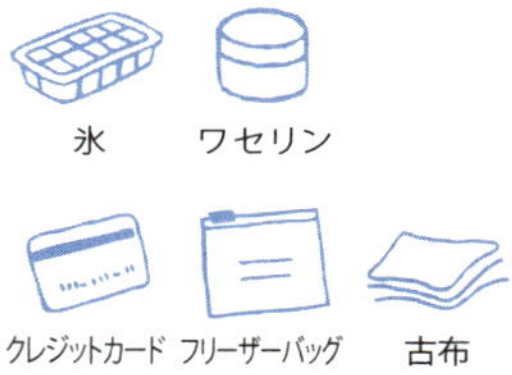

氷　ワセリン
クレジットカード　フリーザーバッグ　古布

❶ クレジットカード[★]で、ガムを落とします。
❷ フリーザーバッグに氷を入れて、ファスナーを閉じます。
❸ ガムの上に❷をのせ、ガムが硬くなるまで冷やします。
❹ 固まったガムをクレジットカードで、落とします。
❺ シミにワセリンをすりこみます。
❻ クレジットカードで、落とします。
❼ ワセリンをつけた古布で、残ったガムをとりのぞきます。
❽ いつも通りに洗濯します。

> ★ 訳者アドバイス
> **クレジットカード** ▶ P.88

靴について いた場合

○ 基本のシミぬき

ビニール袋

❶ ビニール袋にガムのついた靴を入れて、ガムに袋を押しつけます。
❷ 袋ごと冷凍庫に入れて、ガムを凍らせます。
❸ ガムが固まったら冷凍庫から出し、袋の上からガムをつかみます。
❹ 袋から靴をとり出し、ガムをはがします。

家具などの木製品について いた場合

○ 基本のシミぬき

氷　植物油　液体石けん

クレジットカード　フリーザーバッグ　ペーパータオル　スポンジ

❶ クレジットカード★で、ガムを落とします。
❷ フリーザーバッグに氷を入れて、ファスナーを閉じます。
❸ ガムの上に❷をのせ、ガムが硬くなるまで冷やします。
❹ 固まったガムをクレジットカードで、落とします。
❺ 植物油をしみこませたペーパータオルで、ガムをとりのぞきます。
❻ 液体石けんを含ませたスポンジで、シミを落とします。

★ 訳者アドバイス
クレジットカード ▶ P.88

無垢材の場合は……
目立たないところで試してから、作業するのがオススメです。

食べ物のシミ

飲み物のシミ

分泌物・排泄物のシミ

文房具のシミ

化粧品・薬品のシミ

アウトドアのシミ

その他のシミ

ダークチョコレート

キャンディ

ガム

シロップ

著者アドバイス
砂糖入り VS シュガーレス

歯医者さんはガムの好きな患者さんに、「砂糖入りのガムは歯によくない」とアドバイスしますが、シミぬきという観点でオススメなのは砂糖入りです。なぜなら、砂糖入りのガムなら、グニャグニャした状態でも冷凍庫で一晩冷やせば硬くなりますから、布からはがせますが、シュガーレスガムは家庭用の冷凍庫で固めることはできないからです。敷物についたガムがシュガーレスガムがついてしまったら、冷やすのではなく温めます。ヘアドライヤーを一番高い温度で1分ほど当てて、ベトつくガムを柔らかくします。ドライヤーを近づけすぎると、ガムがとけて繊維が焦げたりしますから、ドライヤーは15cmほど離してかけます。柔らかくなったガムは少しずつこそげ落とします。固まらないように、ドライヤーをかけながら作業しましょう。

だいたいとれたら、残った部分に少量のワセリンをすりこみ、さらにガムを落とします。ここでもう一度熱を当て、残っているガムをきれいに落とします。

液体石けん小さじ1をお湯250mlに溶かし、シミにたっぷりしみこませ、布で落とします。水で洗って、最後にもう一度こすります。

シロップ

洗える布についた場合

○ 基本のシミぬき

お湯　液体石けん　古布　スポンジ

❶ お湯をかけてシロップを柔らかくし、古布でシミを落とします。

❷ お湯に液体石けんを溶かします。お湯 120mlに液体石けん小さじ 1/4 が目安です。

❸ ❷を含ませたスポンジで、シミを落とします。

❹ お湯で洗います。

著者アドバイス
シミが完全に落ちていなければ……

シミが完全に落ちていない可能性がある時は、乾燥機の使用を避け、風に当てて乾かします。

飲み物のシミ

飲み物のシミは、同じ飲み物でも、砂糖が入っているかいないかで、対策に違いが出てきます。砂糖が入っている場合は、熱を当てずに作業をするなど、いくつかのポイントを覚えて、手早く対処したいものです。

赤ワイン

赤ワイン

洗える布についた場合

○ 基本のシミぬき

炭酸水　古布

❶ シミに炭酸水をたっぷりしみこませます。
❷ 古布で、シミを落とします。
❸ いつも通りに洗濯します。
❹ シミが完全にとれていることを確認してから、風に当てて乾かします[*]。

★ 訳者アドバイス
風に当てて乾かす

洗濯物を風に当てて乾かすということは、乾燥機を使ってはいけませんということだと思います。

乾燥機を使うと、かなりの高温で洗濯物を乾かすことになるので、それは避けたほうがよいと著者が考えているためだと思います。

● とれなければこの方法で

白ワイン　塩　炭酸水

ブラシ　古布

❶ シミに白ワインをたっぷりしみこませます。
❷ シミに塩を振りかけます。
❸ ブラシで、❷を落とします。
❹ シミに炭酸水をたっぷりしみこませます。
❺ 古布で、シミを落とします。
❻ いつも通りに洗濯します。
❼ シミが完全にとれていることを確認してから、風に当てて乾かします[*]。

コットンや麻についた場合

○ 基本のシミぬき

牛乳　鍋

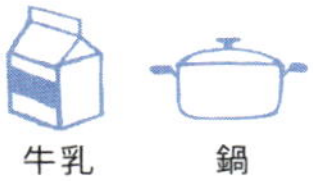

❶ 鍋に布を入れ、シミがつかる量の牛乳を入れます。
❷ 牛乳が沸騰したら、火から下ろします。
❸ 30分ほどつけおきします。
❹ いつも通りに洗濯します。
❺ シミが完全にとれていることを確認してから、風に当てて乾かします★。

カーペットについた場合

○ 基本のシミぬき

白ワイン　水　塩
古布　掃除機

❶ 古布で、水分を吸いとります。
❷ シミに白ワインをたっぷりしみこませます。
❸ 水を含ませた古布で、シミを落とします。
❹ シミに塩を振りかけます。
❺ 10分ほどおきます。
❻ 掃除機で、吸いとります。
❼ 乾いた古布で、水分をよく拭きとり、乾かして仕上げます。

● とれなければこの方法で

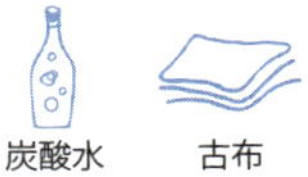

炭酸水　古布

❶ シミに炭酸水をたっぷりしみこませます。
❷ 古布で、シミを落とします。

食べ物のシミ

飲み物のシミ

分泌物・排泄物のシミ

文房具のシミ

化粧品・薬品のシミ

アウトドアのシミ

その他のシミ

❸ 古布に色がつかなくなるまで、❶〜❷をくり返します。
❹ 乾いた古布で、水分をよく拭きとり、乾かして仕上げます。

インテリアの布についた場合

○ 基本のシミぬき

白ワイン　塩

当て布　古布　スポンジ　ブラシ

❶ クッションカバーなど、外せるものは外します。カバーが外せなくても、当て布ができる場合は、裏から当て布をします。
❷ 古布で、水分をできるだけ吸いとります。
❸ シミに白ワインをたっぷりしみこませます。
❹ 水を含ませたスポンジで、シミを落とします。
❺ シミに塩を振りかけます。
❻ 10分ほどおきます。
❼ ブラシで、❻を落とします。

大理石★の暖炉についた場合

○ 基本のシミぬき

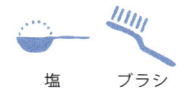

塩　ブラシ

❶ シミに塩を振りかけます。
❷ ブラシで、❶を落とします。
❸ 塩に色がつかなくなるまで、❶〜❷をくり返します。

> ★ 訳者アドバイス
> **大理石**
> 大理石は酸に弱いので、酢やクエン酸を使うと表面がザラザラになるなどの現象が起こり、つやのある表面が損なわれてしまいます。このため、酢やクエン酸は大理石には使えません。人造大理石は、メーカーによって耐酸性をはじめとする性質にばらつきがあるようなので、気になる場合はメーカーに確認するか目立たないところで試してください。

● **とれなければこの方法で**

牛乳　水　古布

❶ シミに牛乳大さじ1をしみこませます。
❷ 2～3時間おきます。
❸ 水を含ませた古布で、シミを落とします。

■ **それでもとれなければ……**

オキシドール

❶ オキシドールを含ませた古布で、シミを落とします。

> **オキシドールに注意**
> オキシドールは、色落ちの原因になることがあるので、必ず目立たないところで試してから使います。

白ワイン

洗える布についた場合

○ **基本のシミぬき**

炭酸水　水　液体石けん　スポンジ

❶ 炭酸水を含ませたスポンジで、シミを落とします。
❷ 水に液体石けんを溶かします。水500mlに液体石けん小さじ1が目安です。
❸ シミに❷をたっぷりしみこませます。
❹ いつも通りに洗濯します。
❺ シミが完全にとれていることを確認してから、風に当てて乾かします★。

> ★ 訳者アドバイス
> **風に当てて乾かす** ▶ P.96

食べ物のシミ

飲み物のシミ

分泌物・排泄物のシミ

文房具のシミ

化粧品・薬品のシミ

アウトドアのシミ

その他のシミ

タブ(縦): 赤ワイン / 白ワイン / ビール / アルコール飲料 / コーヒー / 紅茶 / 牛乳

ビール

洗える布についた場合

○ 基本のシミぬき

水　液体石けん

❶　水で洗います。
❷　水に液体石けんを溶かします。水500mlに液体石けん小さじ1が目安です。
❸　シミに❷をたっぷりしみこませます。
❹　いつも通りに洗濯します。
❺　シミが完全にとれていることを確認してから、風に当てて乾かします。★

> ★ 訳者アドバイス
> **風に当てて乾かす** ▶ P.96

著者アドバイス
ドライヤーを活用

外食中に衣類にシミがついてしまったら、すぐに炭酸水かお湯をシミにたっぷりかけます。そして、タオルなどで水分を吸いとります。その後、レストランでドライヤーを借りて、ぬれた部分を乾かします。ただし、アルコールと砂糖分入りのフルーツジュースや炭酸入りのフルーツジュースなどは、熱を加えると砂糖が黄色いシミになって、落ちなくなってしまいますので、十分シミが落ちているのを確認してからドライヤーをかけます。

カーペットについた場合

○ 基本のシミぬき

炭酸水　古布

❶　古布で、水分を吸いとります。
❷　炭酸水を含ませた古布で、シミを落とします。
❸　乾いた古布で、水分をよく拭きと

り、乾かして仕上げます。

> **著者アドバイス**
> **炭酸水がなければ……**
> 炭酸水がなければ、水で代用します。

● **とれなければこの方法で**

水　アンモニア　酢　古布

❶ 水にアンモニアを溶かします。水120mlにアンモニア大さじ1が目安です。
❷ ❶を含ませた古布で、シミを落とします。
❸ 水に酢を溶かします。水200mlに酢200mlが目安です。
❹ ❸を含ませた古布で、シミを落とします。
❺ 乾いた古布で、水分をよく拭きとり、乾かして仕上げます。

■ **それでもとれなければ……**

水　酢　お湯
古布　スポンジ

❶ 水に酢を溶かします。水100mlに酢100mlが目安です。
❷ シミに❶をたっぷりしみこませます。
❸ 古布で、シミを落とします。
❹ お湯を含ませたスポンジで、シミを落とします。
❺ 乾いた古布で、水分をよく拭きとり、乾かして仕上げます。

✡ **どうしてもとれなければ……**

エタノール　古布

❶ 消毒用エタノールを含ませた古布で、シミを落とします。シミの外側から内側に向かって落とします。
❷ 乾いた古布で、水分をよく拭きとり、乾かして仕上げます。

> **消毒用エタノールに注意**
> 消毒用エタノールは、色落ちの原因になったり、布を傷めたりすることがあるので、必ず目立たないところで試してから使います。

食べ物のシミ

飲み物のシミ

分泌物・排泄物のシミ

文房具のシミ

化粧品・薬品のシミ

アウトドアのシミ

その他のシミ

赤ワイン / 白ワイン / ビール / アルコール飲料 / コーヒー / 紅茶 / 牛乳

著者アドバイス
ぬれた部分はよく乾かして

カーペットのお手入れでカーペットをぬらした後は、古布で、よく拭いてから、扇風機や除湿機を使って、ぬらした部分をよく乾かすと効果的です。

インテリアの布についた場合

○ 基本のシミぬき

水　古布　当て布　スポンジ

❶ 古布で、シミを落とします。
❷ クッションカバーなど、外せるものは外します。カバーが外せなくても、当て布ができる場合は、裏から当て布をします。
❸ 水を含ませたスポンジで、シミを落とします。
❹ シミが残っている場合は、❸をくり返します。
❺ 乾いた古布で、水分をよく拭きとり、乾かして仕上げます。

●とれなければこの方法で

水　酢　お湯

スポンジ　古布

❶ 水に酢を溶かします。水 100 mlに酢 100 ml が目安です。
❷ シミに❶をたっぷりしみこませます。
❸ スポンジで、シミを落とします。
❹ お湯を含ませたスポンジで、シミを落とします。
❺ 乾いた古布で水分をよく拭きとり、乾かして仕上げます。

アルコール飲料

洗える布についた場合

○ 基本のシミぬき

炭酸水　古布

❶ シミに炭酸水をたっぷりしみこませます。
❷ 古布で、シミを落とします。
❸ いつも通りに洗濯します。
❹ シミが完全にとれていることを確認してから、風に当てて乾かします[★]。

> ★ 訳者アドバイス
> **風に当てて乾かす** ▶ P.96

● とれなければこの方法で

水　グリセリン　酢　古布

❶ 水にグリセリンを溶かします。水100mlにグリセリン100mlが目安です。
❷ シミに❶をたっぷりしみこませます。
❸ 古布で、シミを落とします。
❹ 水に酢を溶かします。水100mlに酢100mlが目安です。
❺ ❹を含ませた古布で、シミを落とします。
❻ いつも通りに洗濯します。
❼ シミが完全にとれていることを確認してから、風に当てて乾かします[★]。

> ★ 訳者アドバイス
> **風に当てて乾かす** ▶ P.96

カーペットについた場合

☆ ついたばかりのシミなら……

炭酸水　古布

❶ シミに炭酸水をたっぷりしみこませます。
❷ 古布で、シミを落とします。
❸ 乾いた古布で、水分をよく拭きとり、乾かして仕上げます。

縦書き見出し（左端）: 赤ワイン／白ワイン／ビール／アルコール飲料／コーヒー／紅茶／牛乳

○ 基本のシミぬき

お湯　液体石けん　古布

❶　古布で、シミを落とします。
❷　お湯に液体石けんを溶かします。お湯100 mℓに液体石けん小さじ1が目安です。
❸　シミに❷をたっぷりしみこませます。
❹　古布で、シミを落とします。
❺　シミにお湯をかけます。
❻　乾いた古布で、水分をよく拭きとり、乾かして仕上げます。

● とれなければこの方法で

水　グリセリン　古布

❶　水にグリセリンを溶かします。水100mℓにグリセリン100mℓが目安です。
❷　シミに❶をたっぷりしみこませます。
❸　古布で、シミを落とします。
❹　水を含ませた古布で、シミを落とします。
❺　乾いた古布で、水分をよく拭きとり、乾かして仕上げます。

■ それでもとれなければ……

水　アンモニア　酢　古布

❶　水にアンモニアを溶かします。水250 mℓにアンモニア30mℓが目安です。
❷　シミに❶をしみこませます。
❸　古布で、シミを落とします。
❹　水に酢を溶かします。水200mℓに酢100mℓが目安です。
❺　シミに❹をたっぷりしみこませますす。
❻　水を含ませた古布で、シミを落とします。
❼　乾いた古布で、水分をよく拭きとり、乾かして仕上げます。

インテリアの布についた場合

○ 基本のシミぬき

炭酸水　当て布　スポンジ　古布

❶　クッションカバーなど、外せるものは外します。カバーが外せなくても、当て布ができる場合は、裏から当て布をします。

❷ シミに炭酸水をたっぷりしみこませます。
❸ スポンジで、シミを落とします。
❹ 乾いた古布で、水分をよく拭きとり、乾かして仕上げます。

● とれなければこの方法で

お湯　液体石けん　古布　当て布

❶ お湯に液体石けんを溶かします。お湯1ℓに液体石けん小さじ1が目安です。
❷ シミに❶をたっぷりしみこませます。
❸ 古布で、シミを落とします。
❹ 乾いた古布で、水分をよく拭きとり、乾かして仕上げます。

■ それでもとれなければ……

水　グリセリン　スポンジ　古布

❶ 水にグリセリンを溶かします。水100mlにグリセリン100mlが目安です。
❷ シミに❶をたっぷりしみこませます。
❸ スポンジで、シミを落とします。
❹ 乾いた古布で、水分をよく拭きとり、乾かして仕上げます。

◎ どうしてもとれなければ……

水　アンモニア　酢　古布

❶ 水にアンモニアを溶かします。水250mlにアンモニア30mlが目安です。
❷ シミに❶をしみこませます。
❸ 水に酢を溶かします。水500mlに酢250mlが目安です。
❹ シミに❸をしみこませます。
❺ 古布で、シミを落とします。
❻ 乾いた古布で、水分をよく拭きとり、乾かして仕上げます

家具などの木製品についた場合

○ 基本のシミぬき

油性の家具磨き　古布

❶ 古布で、シミを落とします。
❷ 油性の家具磨きで磨きます。

★ 訳者アドバイス
無垢材の場合は……
最初に目立たない場所で試します。

赤ワイン / 白ワイン / ビール / アルコール飲料 / コーヒー / 紅茶 / 牛乳

コーヒー

洗える布についた場合

○ 基本のシミぬき

重曹　水　酢　ブラシ

❶ シミに重曹を振りかけます。
❷ 重曹が水分を吸いとったら、ブラシで、重曹を落とします。
❸ 水に酢を溶かします。水 100㎖に酢 50 ㎖ が目安です。
❹ 15 分ほどつけおきます。
❺ 水で洗います。
❻ いつも通り洗濯します。

● とれなければこの方法で

耐熱容器　ゴム　熱湯

❶ バスタブなどのお湯がはねても安全な場所で、シミがついた面を下にして、布を耐熱容器の上に広げ、動かないようにゴムでとめます。
❷ 50cm 〜 1 mほど上からシミに向かって熱湯をかけます。
❸ いつも通りに洗濯します。
❹ シミが完全にとれていることを確認してから、風に当てて乾かします。★

> **熱湯は麻やコットン以外は NG**
> 熱湯を使うこの方法は、耐熱性のある麻やコットン以外の布には使えません。

★ 訳者アドバイス
風に当てて乾かす ▶ P.96

回 クリームが入っていたら

水　お湯

❶ 水で洗います。
❷ お湯で洗います。
❸ いつも通りに洗濯します。

洗えない布についた場合

○ 基本のシミぬき

エタノール　グリセリン　古布

❶ 消毒用エタノールにグリセリンを溶かします。消毒用エタノール50mlにグリセリン50mlが目安です。
❷ シミに❶をたっぷりしみこませます。
❸ 古布で、シミを落とします。
❹ 洗濯表示に従って、必要なお手入れをして仕上げます。

> **消毒用エタノールに注意**
> 消毒用エタノールは、色落ちの原因になったり、布を傷めたりすることがあるので、必ず目立たないところで試してから使います。

カーペットについた場合

○ 基本のシミぬき

炭酸水　古布

❶ 古布で、シミを落とします。
❷ シミに炭酸水をたっぷりしみこませます。
❸ 古布で、シミを落とします。
❹ 乾いた古布で、水分をよく拭きとり、乾かして仕上げます。

● とれなければこの方法で

水　ほう砂　炭酸水

古布　スポンジ

❶ 水にほう砂*を溶かします。水250mlにほう砂小さじ1が目安です。
❷ シミに❶をかけます。
❸ 15分ほどおきます。
❹ 古布で、シミを落とします。
❺ 炭酸水を含ませたスポンジで、シミを落とします。

食べ物のシミ｜飲み物のシミ｜分泌物・排泄物のシミ｜文房具のシミ｜化粧品・薬品のシミ｜アウトドアのシミ｜その他のシミ

❻ 乾いた古布で、水分をよく拭きとり、乾かして仕上げます。

> ★ 訳者アドバイス
> **ほう砂**
> アメリカでは、重曹とよく似た使われ方をするほう砂。日本では薬局で買うことができます。重曹との大きな違いは、ほう砂には殺菌作用と漂白作用がある点です。

■ それでもとれなければ……

オキシドール　炭酸水　古布　スポンジ

❶ シミにオキシドールをたっぷりしみこませます。
❷ 15分ほどおきます。
❸ 古布で、シミを落とします。
❹ 炭酸水を含ませたスポンジで、シミを落とします。
❺ 乾いた古布で、水分をよく拭きとり、乾かして仕上げます。

> **オキシドールに注意**
> オキシドールは、色落ちの原因になることがあるので、必ず目立たないところで試してから使います。

インテリアの布についた場合

○ 基本のシミぬき

水　ほう砂　古布　当て布

❶ 古布で、シミを落とします。
❷ クッションカバーなど、外せるものは外します。カバーが外せなくても、当て布ができる場合は、裏から当て布をします。
❸ 水にほう砂*を溶かします。水500mlにほう砂大さじ1が目安です。
❹ ❸を含ませた古布で、シミを落とします。
❺ 乾いた古布で、水分をよく拭きとり、乾かして仕上げます。

● とれなければこの方法で

お湯　グリセリン　古布

❶ お湯にグリセリン*を溶かします。お湯100mlにグリセリン100mlが目安です。
❷ ❶を含ませた古布で、シミを落とします。

❸ 乾いた古布で、水分をよく拭きとり、乾かして仕上げます。

★ 訳者アドバイス
グリセリンとほう砂
グリセリンとほう砂、どちらも薬局やドラッグストアで手に入りますから、利用頻度の多そうなほうを選んでお手元においておくと便利です。

著者アドバイス
重曹でこするという方法も
塩のかわりに、重曹を振りかけてこすっても効果的です。

コーヒーポットについた場合

○ 基本のシミぬき

塩　レモン　氷

❶ ポットに塩を入れます。
❷ 四つ切りにしたレモンを絞って、ポットに汁をたっぷり入れます。
❸ 絞った後のレモンの皮と氷を、底が見えなくなるくらい入れます。
❹ 底のシミがとれるまで、ポットをゆすります。
❺ いつも通りに洗います。
❻ よく乾かして仕上げます。

コーヒーカップについた場合

○ 基本のシミぬき

水　塩　スポンジ

❶ 水を含ませたスポンジに塩を振りかけ、シミを落とします。
❷ いつも通りに洗います。
❸ よく乾かして仕上げます。

カラフェについた場合

○ 基本のシミぬき

水　入れ歯用洗剤

❶ カラフェの口いっぱいまで水を入れ、入れ歯用洗剤を溶かします。
❷ 3〜4時間つけおきします。
❸ いつも通りに洗います。
❹ よく乾かして仕上げます。

大理石の暖炉についた場合

○ 基本のシミぬき

塩　ブラシ

❶ 大理石★に塩を振りかけます。
❷ ブラシで、❶を落とします。

★ 訳者アドバイス
大理石 ▶ P.98

● とれなければこの方法で

塩　牛乳　ブラシ

❶ 大理石★に塩を振りかけます。
❷ 牛乳大さじ1をしみこませます。
❸ 2〜3時間おきます。
❹ ブラシで、❸を落とします。

★ 訳者アドバイス
大理石 ▶ P.98

大理石または人造大理石★のカウンターについた場合

○ 基本のシミぬき

塩　ブラシ

❶ 大理石に塩を振りかけます。
❷ ブラシで、❶を落とします。

★ 訳者アドバイス
大理石と人造大理石のちがい
人造大理石は、大理石の粉を樹脂で固めたものです。大理石よりは扱いがずっとラクなので、大理石と同様に扱っていれば間違いありません。

● とれなければこの方法で

塩　牛乳　ブラシ

❶ 大理石に塩を振りかけます。
❷ 牛乳大さじ1をしみこませます。
❸ 2〜3時間おきます。
❹ ブラシで、❸を落とします。

紅茶

洗える布についた場合

○ 基本のシミぬき

炭酸水　スポンジ

❶ 炭酸水を含ませたスポンジで、シミを落とします。
❷ いつも通りに洗濯します。

回 クリームが入っていたら

炭酸水　お湯　古布　スポンジ

❶ 古布で、シミを落とします。
❷ 炭酸水を含ませたスポンジで、シミを落とします。
❸ お湯で洗います。
❹ いつも通りに洗濯します。

コットンや麻についた場合

○ 基本のシミぬき

ほう砂　熱湯　耐熱容器　ゴム

❶ バスタブなどのお湯がはねても安全な場所で、シミがついた面を下にして、布を耐熱容器の上に広げ、動かないようにゴムでとめます。
❷ ほう砂[★]を振りかけてシミをおおいます。
❸ 50cm〜1mほど上からシミに向かって熱湯をかけます。
❹ シミが残っている場合は、❷〜❸をくり返します。
❺ いつも通りに洗濯します。

> **熱湯は麻やコットン以外は NG**
> 熱湯を使うこの方法は、耐熱性のある麻やコットン以外の布には使えません。

★ 訳者アドバイス
ほう砂 ▶ P.108

洗えない布についた場合

○ 基本のシミぬき

エタノール　グリセリン　古布

❶ 消毒用エタノールにグリセリンを溶かします。消毒用エタノール 50mℓ にグリセリン 50mℓ が目安です。
❷ シミに❶をたっぷりしみこませます。
❸ 古布で、シミを落とします。
❹ シミが残っている場合は、❷〜❸をくり返します。
❺ 洗濯表示に従って、必要なお手入れをして仕上げます。

> **消毒用エタノールに注意**
> 消毒用エタノールは、色落ちの原因になったり、布を傷めたりすることがあるので、必ず目立たないところで試してから使います。

赤ワイン｜白ワイン｜ビール｜アルコール飲料｜コーヒー｜紅茶｜牛乳

カーペットについた場合

○ 基本のシミぬき

炭酸水　古布　スポンジ

❶ 古布で、シミを落とします。
❷ 炭酸水を含ませたスポンジで、シミを落とします。
❸ 乾いた古布で、水分をよく拭きとり、乾かして仕上げます。

● とれなければこの方法で

水　ほう砂　炭酸水
古布　スポンジ

❶ 水にほう砂★を溶かします。水250mlにほう砂小さじ１が目安です。
❷ ❶を含ませた古布で、シミを落とします。
❸ 炭酸水を含ませたスポンジで、シミを落とします。
❹ 乾いた古布で、水分をよく拭きとり、乾かして仕上げます。

★ 訳者アドバイス
ほう砂 ▶ P.108

■ それでもとれなければ……

オキシドール　炭酸水　スポンジ　古布

❶ シミにオキシドールをたっぷりしみこませます。
❷ 15分ほどおきます。
❸ 炭酸水を含ませたスポンジで、シミを落とします。
❹ 乾いた古布で、水分をよく拭きとり、乾かして仕上げます。

> **オキシドールに注意**
> オキシドールは、色落ちの原因になることがあるので、必ず目立たないところで試してから使います。

食べ物のシミ｜飲み物のシミ｜分泌物・排泄物のシミ｜文房具のシミ｜化粧品・薬品のシミ｜アウトドアのシミ｜その他のシミ

赤ワイン／白ワイン／ビール／アルコール飲料／コーヒー／紅茶／牛乳

インテリアの布についた場合

○ 基本のシミぬき

水　ほう砂
古布　当て布　スポンジ

❶ 古布で、シミを落とします。
❷ クッションカバーなど、外せるものは外します。カバーが外せなくても、当て布ができる場合は、裏から当て布をします。
❸ 水にほう砂*を溶かします。水250mℓにほう砂小さじ1が目安です。
❹ ❸を含ませたスポンジで、シミを落とします。
❺ 乾いた古布で、水分をよく拭きとり、乾かして仕上げます。

> ★ 訳者アドバイス
> ほう砂 ▶ P.108

● とれなければこの方法で

お湯　グリセリン　スポンジ　古布

❶ お湯にグリセリンを溶かします。お湯50mℓにグリセリン50mℓが目安です。
❷ ❶を含ませたスポンジで、シミを落とします。
❸ 乾いた古布で、水分をよく拭きとり、乾かして仕上げます。

■ それでもとれなければ……

ワインアウェイ　古布

❶ シミにワインアウェイ*をスプレーします。
❷ 乾いた古布で、水分をよく拭きとり、乾かして仕上げます。

> ★ 訳者アドバイス
> **ワインアウェイ**
> ワインアウェイはフルーツジュースと赤ワインのシミを落とすにはとても効果がありますが、子どもたちがあちこちにつけるサクランボ色のシミにはさほど効きませんでした。
> 商品はエバーグリン・ラボ社のウェブサイトから直接注文ができます。
> http://www.wineaway.com

大理石の暖炉についた場合

○ 基本のシミぬき

塩　ブラシ

❶ 大理石*に塩を振りかけます。
❷ ブラシで、❶を落とします。

★ 訳者アドバイス
大理石 ▶ P.98

● とれなければこの方法で

塩　牛乳　ブラシ

❶ 大理石*に塩を振りかけます。
❷ 牛乳大さじ1をしみこませます。
❸ 2〜3時間おきます。
❹ ブラシで、❸を落とします。

★ 訳者アドバイス
大理石 ▶ P.98

大理石または人造大理石*のカウンターについた場合

○ 基本のシミぬき

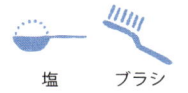

塩　ブラシ

❶ 大理石に塩を振りかけます。
❷ ブラシで、❶を落とします。

★ 訳者アドバイス
大理石と人造大理石のちがい
▶ P.110

● とれなければこの方法で

塩　牛乳　ブラシ

❶ 大理石に塩を振りかけます。
❷ 牛乳大さじ1をしみこませます。
❸ 2〜3時間おきます。
❹ ブラシで、❸を落とします。

ティーカップについた場合

○ 基本のシミぬき

水　重曹　スポンジ

❶ 水を含ませたスポンジに重曹を振りかけ、シミを落とします。
❷ いつも通りに洗います。
❸ よく乾かして仕上げます。

> **著者アドバイス**
> **重曹がなければ……**
> 重曹がなければ、塩で代用します。

牛乳

洗える布についた場合

○ 基本のシミぬき

水　お湯　液体石けん　古布

❶ 水で洗います。
❷ お湯に液体石けんを溶かします。お湯120mlに液体石けん小さじ1/4が目安です。
❸ シミに❷をたっぷりしみこませます。
❹ 古布で、シミを落とします。
❺ いつも通りに洗濯します。

> **著者アドバイス**
> **作業はぬらしたままで**
> シミが完全に消えるまで、熱を加えずに作業します。途中でアイロンをかけたり、乾燥機で乾かしたりするのもいけません。

● とれなければこの方法で

重曹　水　ブラシ

❶ 重曹と水をまぜて、重曹ペーストをつくります。重曹大さじ3に水大さじ1が目安です。
❷ シミに❶を塗ります。
❸ 30分ほどおきます。
❹ ブラシで、❸を落とします。
❺ いつも通りに洗濯します。

著者アドバイス
シミが完全に落ちていなければ……

シミが完全に落ちていない可能性がある時は、乾燥機の使用を避け、風に当てて乾かします。

肉の軟化剤という奥の手

重曹だけではシミが十分落ちない場合は、肉の軟化剤*を試します。

★ 訳者アドバイス
肉の軟化剤

パイナップルに含まれるブロメラインという酵素は、肉の軟化剤として使われていて、タンパク質を柔らかくする働きがあるといわれています。

ソフトドリンク*

洗える布についた場合

○ 基本のシミぬき

炭酸水　古布

❶ 古布で、シミを落とします。
❷ 炭酸水で洗います。
❸ シミが完全にとれるまで、水で洗います。
❹ いつも通りに洗濯します。
❺ シミが完全にとれていることを確認してから、風に当てて乾かします*。

著者アドバイス
作業はぬらしたままで ▶ P.116

炭酸水がなければ…… ▶ P.100

食べ物のシミ｜飲み物のシミ｜分泌物・排泄物のシミ｜文房具のシミ｜化粧品・薬品のシミ｜アウトドアのシミ｜その他のシミ

縦タブ（上から下）: 紅茶 / 牛乳 / ソフトドリンク / コーラ / スポーツドリンク / トマトジュース / フルーツジュース

★ 訳者アドバイス
ソフトドリンク

ここでいうソフトドリンクは、ソーダ、ルートビアといった炭酸飲料やレモネードなど、フルーツジュース以外の糖分の入った飲み物のことです。ソフトドリンクのシミは、たっぷり使われている糖分を、いかに落とすかがポイントです。

風に当てて乾かす ▶ P.96

● とれなければこの方法で

水　液体石けん　アンモニア　スポンジ

❶ 水に液体石けんとアンモニアを溶かします。水 120mlに小さじ 1/4 とアンモニア数滴が目安です。
❷ ❶を含ませたスポンジで、シミを落とします。
❸ いつも通りに洗濯します。
❹ シミが完全にとれていることを確認してから、風に当てて乾かします★。

著者アドバイス
作業はぬらしたままで ▶ P.116

★ 訳者アドバイス
風に当てて乾かす ▶ P.96

カーペットについた場合

○ 基本のシミぬき

炭酸水　古布

❶ 古布で、シミを落とします。
❷ 炭酸水を含ませた古布で、シミを落とします。
❸ 古布に色がつかなくなるまで、❷をくり返します。
❹ 乾いた古布で、水分をよく拭きとり、乾かして仕上げます。

● とれなければこの方法で

オキシドール　古布

❶ シミにオキシドールをたっぷりしみこませます。
❷ 15 分ほどおきます。
❸ 古布で、シミを落とします。
❹ 乾いた古布で、水分をよく拭きとり、乾かして仕上げます。

> **オキシドールに注意**
> オキシドールは、色落ちの原因になることがあるので、必ず目立たないところで試してから使います。

■ それでもとれなければ……

水　液体石けん　アンモニア

古布　スポンジ

❶ 水に液体石けんとアンモニアを溶かします。水 120mℓに液体石けん小さじ 1/4、アンモニア数滴が目安です。
❷ ❶を含ませた古布で、シミを落とします。
❸ 水を含ませたスポンジで、シミを落とします。
❹ 乾いた古布で、水分をよく拭きとり、乾かして仕上げます。

コーラ

洗える布についた場合

○ 基本のシミぬき

重曹　古布　スポンジ

❶ 古布で、シミを落とします。
❷ シミに重曹を振りかけます。
❸ 古布で、❷を落とします。
❹ 水を含ませたスポンジで、シミを落とします。
❺ いつも通りに洗濯します。
❻ シミが完全にとれていることを確認してから、風に当てて乾かします[★]。

> ★ 訳者アドバイス
> **風に当てて乾かす** ▶ P.96

●とれなければこの方法で

水　酢　液体石けん　エッセンシャルオイル

❶ 水に酢、液体石けん、エッセンシャルオイルを溶かします。水100mlに、酢200ml、液体石けん数滴、ローズマリーのエッセンシャルオイル小さじ1/4〜1/2が目安です。

❷ シミに❶をたっぷりしみこませます。

❸ 15分ほどおきます。

❹ いつも通りに洗濯します。

❺ シミが残っている場合は、漂白剤を加えて、洗濯します。

著者アドバイス
作業はぬらしたままで ▶ P.116

カーペットについた場合

○ 基本のシミぬき

重曹　お湯　液体石けん　古布

❶ 古布で、シミを落とします。

❷ シミに重曹を振りかけます。

❸ 古布で、❷を落とします。

❹ お湯に液体石けんを溶かします。お湯120mlに液体石けん小さじ1/4が目安です。

❺ ❹を含ませた古布で、シミを落とします。

❻ 乾いた古布で、水分をよく拭きとり、乾かして仕上げます。

インテリアの布についた場合

○ 基本のシミぬき

重曹　お湯　液体石けん

古布　当て布

❶ 古布で、シミを落とします。

❷ クッションカバーなど、外せるものは外します。カバーが外せなくても、当て布ができる場合は、裏から当て布をします。

❸ シミに重曹を振りかけ、水分を吸いとります。

❹ 古布で、❸を落とします。

❺ お湯に液体石けんを溶かします。

お湯120mℓに液体石けん小さじ1/4が目安です。

❻ ❺を含ませた古布で、シミを落とします。

❼ 乾いた古布で、水分をよく拭きとり、乾かして仕上げます。

● とれなければこの方法で

オキシドール　古布

❶ シミにオキシドールをたっぷりしみこませます。

❷ 15分ほどおきます。

❸ 古布で、シミを落とします。

❹ 乾いた古布で、水分をよく拭きとり、乾かして仕上げます。

> **オキシドールに注意**
> オキシドールは、色落ちの原因になることがあるので、必ず目立たないところで試してから使います。

スポーツドリンク

洗える布についた場合

○ 基本のシミぬき

炭酸水

❶ 炭酸水で洗います。

❷ シミが残っている場合は、❶をくり返します。

❸ いつも通りに洗濯します。

著者アドバイス
炭酸水がなければ…… ▶ P.100

● とれなければこの方法で

水　アンモニア　漂白剤　古布

❶ 水にアンモニアを溶かします。水250mℓにアンモニア大さじ1が目安です。

食べ物のシミ | 飲み物のシミ | 分泌物・排泄物のシミ | 文房具のシミ | 化粧品・薬品のシミ | アウトドアのシミ | その他のシミ

縦書きタブ（左側）: 紅茶 / 牛乳 / ソフトドリンク / コーラ / スポーツドリンク / トマトジュース / フルーツジュース

❷ ❶を含ませた古布で、シミを落とします。
❸ 水で洗います。
❹ シミが残っている場合は、❷〜❸をくり返します。
❺ 漂白剤★を加えて、いつも通りに洗濯します。

> ★ 訳者アドバイス
> **漂白剤**
> 漂白剤と書いてある場合は、塩素系ではなく酸素系漂白剤を使います。

カーペットについた場合

○ 基本のシミぬき

炭酸水　古布

❶ 古布で、シミを落とします。
❷ シミに炭酸水をたっぷりしみこませます。
❸ 古布で、シミを落とします。
❹ シミが残っている場合は、❷〜❸をくり返します。
❺ 乾いた古布で、水分をよく拭きとり、乾かして仕上げます。

● とれなければこの方法で

レモン　古布

❶ シミにレモンの絞り汁★をたっぷりしみこませます。
❷ 15分ほどおきます。
❸ 乾いた古布で、水分をよく拭きとり、乾かして仕上げます。

> ★ 訳者アドバイス
> **レモンの絞り汁**
> 生のレモンを絞って使う場合は、コーヒーフィルターでこすと、絞りかすのまじらないジュースができるので、洗濯には便利です。レモンはクエン酸水で代用することもできます。

■ それでもとれなければ……

水　アンモニア　塩
古布　掃除機　スポンジ

❶ 水にアンモニアを溶かします。水250mℓにアンモニア大さじ1が目安です。
❷ シミに❶をたっぷりしみこませます。

❸ 古布で、シミを落とします。
❹ シミに塩を振りかけます。
❺ 15分ほどおきます。
❻ 掃除機で、吸いとります。
❼ シミが残っている場合は、❷〜❻をくり返します。
❽ 水を含ませたスポンジで、シミを落とします。
❾ 乾いた古布で、水分をよく拭きとり、乾かして仕上げます。

インテリアの布についた場合

○ 基本のシミぬき

炭酸水　古布

❶ 古布で、シミを落とします。
❷ クッションカバーなど、外せるものは外します。カバーが外せなくても、当て布ができる場合は、裏から当て布をします。
❸ シミに炭酸水をたっぷりしみこませます。
❹ 古布で、シミを落とします。
❺ シミが残っている場合は、❸〜❹をくり返します。
❻ 乾いた古布で、水分をよく拭きとり、乾かして仕上げます。

● とれなければこの方法で

レモン　古布

❶ シミにレモンの絞り汁*をたっぷりしみこませます。
❷ 15分ほどおきます。
❸ 古布で、水分をよく拭きとり、乾かして仕上げます。
❹ 乾いた古布で、水分をよく拭きとり、乾かして仕上げます。

■ それでもとれなければ……

水　アンモニア　塩
古布　掃除機　スポンジ

❶ 水にアンモニアを溶かします。水250mlにアンモニア大さじ1が目安です。
❷ シミに❶をたっぷりしみこませます。
❸ 古布で、シミを落とします。
❹ シミに塩を振りかけます。
❺ 15分ほどおきます。
❻ 掃除機で、吸いとります。
❼ 水を含ませたスポンジで、シミを

落とします。

❽ 乾いた古布で、水分をよく拭きとり、乾かして仕上げます。

トマトジュース

洗える布についた場合

○ 基本のシミぬき

重曹　水　酢　液体石けん

古布　スポンジ

❶ 古布で、シミを落とします。
❷ 重曹を振りかけます。
❸ 15分ほどおきます。
❹ ❸をはらい落とします。
❺ 水を含ませたスポンジで、シミを落とします。
❻ 水に酢を溶かします。酢50mlに水50mlが目安です。
❼ シミに❻をたっぷりしみこませます。
❽ 古布で、シミを落とします。
❾ 水で洗います。
❿ 水に液体石けんを溶かします。水120mlに液体石けん小さじ1/4が目安

です。
❶ ❿を含ませた古布で、シミを落とします。
⓬ いつも通りに洗濯します。
⓭ シミが完全にとれていることを確認してから、風に当てて乾かします*。

> **著者アドバイス**
> **お湯でお洗濯**
> 洗濯機にお湯が入れられる場合は、お湯で洗うとより効果的です。

> ★ 訳者アドバイス
> **風に当てて乾かす** ▶ P.96

● とれなければこの方法で

酵素洗剤

❶ 酵素洗剤*に30分ほどつけおきします。
❷ いつも通りに洗濯します。
❸ シミが完全にとれていることを確認してから、風に当てて乾かします*。

> ★ 訳者アドバイス
> **酵素洗剤**
> 酵素というのは生物がつくり出す、化学反応を促進させるタンパク質のことで、酵素の種類によって促進させるものが決まっています。ですから、酵素を洗濯や掃除に利用する場合には、落とす汚れに合った酵素洗剤を使う必要があります。著者は「文字通りタンパク質を溶かしてしまうのが、自然食品店などで手に入る酵素洗剤です」と書いているので、アメリカでは、酵素洗剤が簡単に手に入るのかもしれません。日本では、単体でシミぬきの材料として市販されているケースはあまりないようです。
>
> **風に当てて乾かす** ▶ P.96

フルーツジュース

洗える布についた場合

○ 基本のシミぬき

重曹　水　古布　スポンジ

❶ 古布で、シミを落とします。
❷ シミに重曹を振りかけます。
❸ ❷をはらい落とします。
❹ 水を含ませたスポンジで、シミを落とします。
❺ いつも通りに洗濯します。
❻ シミが完全にとれていることを確認してから、風に当てて乾かします*。

> **著者アドバイス**
> **全体を洗うという方法も**
> 水を含ませたスポンジで、シミを落とすかわりに、一度全体を洗ってしまう方法もあります。

> ★ 訳者アドバイス
> 風に当てて乾かす ▶ P.96

● とれなければこの方法で

水　酢　エッセンシャルオイル

❶ 水に酢、ローズマリーのエッセンシャルオイルを溶かします。水100mlに酢200ml、エッセンシャルオイル数滴が目安です。
❷ シミに❶をたっぷりしみこませます。
❸ 15分ほどおきます。
❹ いつも通りに洗濯します。
❺ シミが完全にとれていることを確認してから、風に当てて乾かします*。

> **著者アドバイス**
> **作業はぬらしたままで** ▶ P.116

> ★ 訳者アドバイス
> 風に当てて乾かす ▶ P.96

■ それでもとれなければ……

レモン　漂白剤

❶ シミにレモンの絞り汁*をたっぷりしみこませます。
❷ 30分ほどおきます。
❸ いつも通りに洗濯します。
❹ シミが残っている場合は、漂白剤*

を加えて洗濯します。

★ 訳者アドバイス
レモンの絞り汁 ▶ P.122

漂白剤 ▶ P.122

★ 訳者アドバイス
レモンの絞り汁 ▶ P.122

風に当てて乾かす ▶ P.96

コットンや麻についた場合

○ 基本のシミぬき

レモン　水

❶ シミにレモンの絞り汁*をたっぷりしみこませます。
❷ 水で洗います。
❸ 風に当てて乾かします*。

著者アドバイス
フルーツのシミには熱が禁物
シミぬきのポイントは熱を加えないこと。熱湯を使うのはもちろん、作業の途中でアイロンをかけたり乾燥機で乾かしたりするのもいけません。

カーペットについた場合

○ 基本のシミぬき

炭酸水　水　液体石けん

古布　スポンジ

❶ 古布で、シミを落とします。
❷ 炭酸水を含ませたスポンジで、シミを落とします。
❸ 水に液体石けんを溶かします。水120㎖に液体石けん小さじ1/4が目安です。
❹ ❸を含ませた古布で、シミを落とします。
❺ 水を含ませたスポンジで、シミを落とします。
❻ 乾いた古布で、水分をよく拭きとり、乾かして仕上げます。

著者アドバイス
炭酸水がなければ…… ▶ P.100

インテリアの布についた場合

○ 基本のシミぬき

炭酸水　水　液体石けん

古布　当て布　スポンジ

❶ 古布で、シミを落とします。
❷ クッションカバーなど、外せるものは外します。カバーが外せなくても、当て布ができる場合は、裏から当て布をします。
❸ 炭酸水を含ませたスポンジで、シミを落とします。
❹ 水に液体石けんを溶かします。水120mlに液体石けん小さじ1/4が目安です。
❺ ❹を含ませた古布で、シミを落とします。
❻ 水を含ませたスポンジで、シミを落とします。
❼ 乾いた古布で、水分をよく拭きとり、乾かして仕上げます。

著者アドバイス
フルーツのシミはクールに
色が濃く、砂糖分の入ったフルーツのシミは、ついた瞬間から、かなり手ごわいシミになります。手早い作業と低温が、フルーツのシミをやっつける鍵です。
シミが完全に消えるまで、熱を加えずに作業します。途中でアイロンをかけたり、乾燥機で乾かしたりするのもいけません。

粉ジュース

洗える布についた場合

○ 基本のシミぬき

レッドイレイズ

❶ シミにレッドイレイズ*をたっぷりしみこませます。
❷ いつも通りに洗濯します。
❸ シミが完全に乾いていることを確認してから、風に当てて乾かします。

> **レッドイレイズに注意**
> レッドイレイズは、色落ちの原因になったり、カーペットを傷めたりすることがあるので、必ず目立たないところで試してから使います。

★ 訳者アドバイス
レッドイレイズ

エバーグリーン・ラボという会社が出しているシミぬきです。植物の抽出液を使ったシミぬきで、赤などの明るい色のシミに効果があるといわれます。商品の詳細については、ウェブサイトで見ることができます。
http://www.rederase.com
『掃除の女王』の著者リンダ・コブがそのパワーを絶賛した商品ですが、日本で入手するのは困難です。

風に当てて乾かす ▶ P.96

カーペットについた場合

○ 基本のシミぬき

レッドイレイズ　水　古布　スポンジ

❶ 古布で、シミを落とします。
❷ シミにレッドイレイズ*をたっぷりしみこませます。
❸ 水を含ませたスポンジで、シミを落とします。

フルーツジュース

粉ジュース

❹ 乾いた古布で、水分をよく拭きとり、乾かして仕上げます。

> **レッドイレイズに注意**
> レッドイレイズは、色落ちの原因になったり、カーペットを傷めたりすることがあるので、必ず目立たないところで試してから使います。

インテリアの布についた場合

○ 基本のシミぬき

レッドイレイズ　水

古布　当て布　スポンジ

❶ 古布で、シミを落とします。
❷ クッションカバーなど、外せるものは外します。カバーが外せなくても、当て布ができる場合は、裏から当て布をします。
❸ シミにレッドイレイズをたっぷりしみこませます。
❹ 古布で、シミを落とします。
❺ 水を含ませたスポンジで、シミを落とします。
❻ 乾いた古布で、水分をよく拭きとり、乾かして仕上げます。

> **レッドイレイズに注意**

★ 訳者アドバイス
レッドイレイズ ▶ P.129

排泄物・分泌物のシミ

タンパク質が多く含まれる排泄物や分泌物のシミは、熱を加えないで落とすことがポイントです。ついてすぐなら、水で洗いながせるものも多いので、放置せず、見つけたらすぐに対策を講じたいものです。

血液

血液

洗える布についた場合

○ 基本のシミぬき

水

❶ 水で洗います。
❷ シミが完全に消えるまで、水で洗います。
❸ いつも通りに洗濯します。

著者アドバイス
作業はぬらしたままで
血液は、一度乾いてしまうとなかなかとれません。シミが完全に消えるまで、布はぬらしたままで作業します。途中でアイロンをかけたり、乾燥機で乾かしたりするのもいけません。

● とれなければこの方法で

水　塩　液体石けん

❶ 水に塩を溶かします。水2ℓに塩250gが目安です。
❷ ❶に30分ほどつけおきします。
❸ 液体石けんをつけて、シミを落とします。
❹ 水で洗います★。
❺ いつも通りに洗濯します。

★ 訳者アドバイス
水で洗う
塩水をよく落とさずに石けんをつけてしまうと、布に白いかすのようなものがつくことがあります。水でよく洗ってから石けんをつけます。

■ それでもとれなければ……

オキシドール

❶ シミにオキシドールをたっぷりしみこませます。
❷ 30分ほどおきます。
❸ いつも通りに洗濯します。

> **オキシドールに注意**
> オキシドールは、色落ちの原因になることがあるので、必ず目立たないところで試してから使います。

著者アドバイス
おしり拭きは便利
「娘が、転んでテーブルの角で口を切ってしまった時、大泣きする娘を抱っこしたら、切れた唇の血が私のシャツについてしまったの。急いでおしり拭きで拭いたら、きれいにとれたわ」そう教えてくれたのは友人のエラナ。おしり拭きはシミぬきにも効果があるようです。

カーペットについた場合

○ 基本のシミぬき

炭酸水　古布　スポンジ

❶ 古布で、シミを落とします。
❷ 炭酸水を含ませたスポンジで、シミを落とします。
❸ 乾いた古布で、水分をよく拭きとり、乾かして仕上げます。

● とれなければこの方法で

塩　水　古布

❶ シミに塩を振りかけます。
❷ 水を含ませた古布で、シミを落とします。
❸ 乾いた古布で、水分をよく拭きとり、乾かして仕上げます。

食べ物のシミ

飲み物のシミ

分泌物・排泄物のシミ

文房具のシミ

化粧品・薬品のシミ

アウトドアのシミ

その他のシミ

■ それでもとれなければ……

重曹　水　ブラシ　古布

❶　重曹と水をまぜて、重曹ペーストをつくります。重曹大さじ３に水大さじ１が目安です。
❷　シミに❶を塗ります。
❸　30分ほどおきます。
❹　ブラシで、❸を落とします。
❺　水を含ませた古布で、シミを落とします。
❻　乾いた古布で、水分をよく拭きとり、乾かして仕上げます。

著者アドバイス
肉の軟化剤という奥の手
重曹だけではシミが十分落ちない場合は、肉の軟化剤[*]を試します。

血液の小さなシミをとる！
キルトに関する本を書いている友人のスーは、小さな血液のシミがついてしまった時のためのアイディアを教えてくれました。シミにちょっと唾をつけて、上からバンドエイドをしばらく押しあてると、シミはとれてしまうようです。女性の仕立て屋はみんな知っているという裏技です。

★ 訳者アドバイス
肉の軟化剤
パイナップルに含まれるブロメラインという酵素は、肉の軟化剤として使われていて、タンパク質を柔らかくする働きがあるといわれています。

インテリアの布についた場合

○ 基本のシミぬき

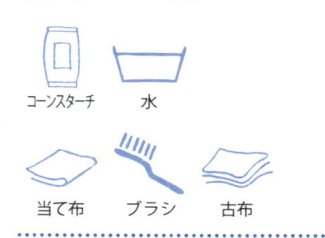

コーンスターチ　水
当て布　ブラシ　古布

❶　クッションカバーなど、外せるものは外します。カバーが外せなくても、当て布ができる場合は、裏から当て布をします。
❷　古布で、シミを落とします。
❸　コーンスターチと水をまぜて、ペーストをつくります。コーンスターチ大さじ３に水大さじ２が目安です。
❹　シミに❸を塗ります。
❺　日に当てて乾かします[*]。

❻ ブラシで、❺を落とします。
❼ 水を含ませた古布で、シミを落とします。
❽ 乾いた古布で、水分をよく拭きとり、乾かして仕上げます。

> ★ 訳者アドバイス
> **日に当てて乾かす**
> コーンスターチと水でつくったペーストは、乾燥するまでに時間がかかります。だから、日に当てて少しでも速く乾かす必要があるわけです。

著者アドバイス
肉の軟化剤という奥の手 ▶ P.134

> ★ 訳者アドバイス
> **重曹ペーストを乾かす**
> コーンスターチと水でつくったペーストは、乾燥するまでに時間がかかるので、日に当てて少しでも速く乾かしますが、重曹は水とまぜると、かなり速いスピードで水を吸いこんで乾燥するので、重曹のペーストはあえて「日に当てなさい」という指示がないのだと思います。

● **とれなければこの方法で**

重曹　水　ブラシ　古布

❶ 重曹と水をまぜて、重曹ペーストをつくります。重曹大さじ3に水大さじ1が目安です。
❷ シミに❶を塗ります。
❸ 30分ほどおき、重曹ペーストを乾かします*。
❹ ブラシで、❸を落とします。
❺ 水を含ませた古布で、シミを落とします。
❻ 乾いた古布で、水分をよく拭きとり、乾かして仕上げます*。

マットレスについた場合

○ **基本のシミぬき**

重曹　水
タオル　ブラシ　スポンジ　古布 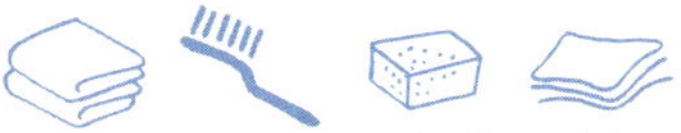

❶ シミがついた部分が床と垂直になるように、マットレスを壁にたてかけます。

（縦書き見出し：食べ物のシミ／飲み物のシミ／分泌物・排泄物のシミ／文房具のシミ／化粧品・薬品のシミ／アウトドアのシミ／その他のシミ）

❷ タオルを押しあてて、水分を吸いとります。

❸ 重曹と水をまぜて、重曹ペーストをつくります。重曹大さじ3に水大さじ1が目安です。

❹ シミに❸を塗ります。

❺ 30分ほどおきます。

❻ ブラシで、❺を落とします。

❼ 水を含ませたスポンジで、シミを落とします。

❽ 乾いた古布で、水分をよく拭きとり、乾かして仕上げます。

● とれなければこの方法で

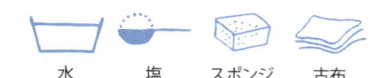

水　塩　スポンジ　古布

❶ 水に塩を溶かします。水500mℓに塩60gが目安です。

❷ ❶を含ませた古布で、シミを落とします。

❸ 水を含ませたスポンジで、シミを落とします。

❹ 乾いた古布で、水分をよく拭きとり、乾かして仕上げます。

汗

洗える布についた場合

☆ ついたばかりなら……

液体石けん

❶ 液体石けんを泡立て、シミにつけます。

❷ いつも通りに洗濯します。

○ 基本のシミぬき

お湯　塩

❶ お湯に塩を溶かします。お湯1ℓに塩大さじ4が目安です。

❷ ❶につけおきします。

❸ いつも通りに洗濯します。

● **とれなければこの方法で**

重曹　水　ブラシ

❶ 重曹と水をまぜて、重曹ペーストをつくります。重曹大さじ3に水大さじ1が目安です。
❷ シミに❶を塗ります。
❸ 30分ほどおきます。
❹ ブラシで、❸を落とします。
❺ いつも通りに洗濯します。

> **著者アドバイス**
> **肉の軟化剤**という奥の手 ▶ P.134

> **★ 訳者アドバイス**
> **肉の軟化剤** ▶ P.134

■ **それでもとれなければ……**

水　アンモニア　スポンジ

❶ 水にアンモニアを溶かします。水1ℓにアンモニア小さじ1が目安です。
❷ ❶を含ませたスポンジで、シミを落とします。
❸ 水で洗います。
❹ いつも通りに洗濯します。

ウールやシルクについた場合

○ **基本のシミぬき**

オキシドール　エッセンシャルオイル　古布

❶ オキシドールにローズマリーのエッセンシャルオイルを溶かします。オキシドール120㎖とローズマリーのエッセンシャルオイル小さじ3/4が目安です。
❷ シミに❶をスプレーします。
❸ 30分ほどおきます。
❹ 古布で、シミを落とします。
❺ いつも通り洗濯します。

> **！ オキシドールに注意**
> オキシドールは、色落ちの原因になることがあるので、必ず目立たないところで試してから使います。

> **著者アドバイス**
> **作業はぬらしたままで** ▶ P.132

食べ物のシミ

飲み物のシミ

分泌物・排泄物のシミ

文房具のシミ

化粧品・薬品のシミ

アウトドアのシミ

その他のシミ

汚れの首輪

洗える布についた場合

○ 基本のシミぬき

お湯　アンモニア　液体石けん

❶ お湯にアンモニアと液体石けんを溶かします。お湯 500mℓにアンモニア大さじ 2、液体石けん小さじ 2 が目安です。
❷ シミに❶をスプレーします。
❸ 15 分ほどおきます。
❹ いつも通りに洗濯します。

著者アドバイス
シャンプーで汚れの首輪を
汚れの首輪を落とすにはシャンプーが便利です。肌や髪の汚れを落とすようにできているので、襟にシャンプーを塗ってから洗濯をすると効果的。シャンプーが別のシミの原因にならないように、透明でシンプルなシャンプーを選びましょう。

嘔吐物

洗える布についた場合

○ 基本のシミぬき

水　お湯　液体石けん　アンモニア

ほう砂　古布

❶ 古布で、固形物をできるだけとりのぞきます。
❷ 水で洗います。
❸ お湯に液体石けんとアンモニアを溶かします。お湯 1 ℓに液体石けん小さじ 1、アンモニア大さじ 2 が目安です。
❹ ❸に 30 分ほどつけおきします。
❺ 水で洗います。
❻ ほう砂を加えて、いつも通りに洗濯*します。

★ 訳者アドバイス
ほう砂を加えて洗濯

1回の洗濯で入れるほう砂の量は、6 kg以下の洗濯機で100〜125㎖、6 kg以上の大型洗濯機の場合は175〜200㎖程度が目安です。

● とれなければこの方法で

酵素洗剤

❶ 酵素洗剤*を加えて、いつも通りに洗濯します。

★ 訳者アドバイス
酵素洗剤

酵素というのは生物がつくり出す、化学反応を促進させるタンパク質のことで、酵素の種類によって促進させるものが決まっています。ですから、酵素を洗濯や掃除に利用する場合には、落とす汚れに合った酵素洗剤を使う必要があります。著者は「文字通りタンパク質を溶かしてしまうのが、自然食品店などで手に入る酵素洗剤です」と書いているので、アメリカでは、酵素洗剤が簡単に手に入るのかもしれません。日本では、単体でシミぬきの材料として市販されているケースはあまりないようです。

カーペットについた場合

○ 基本のシミぬき

水　お湯　ほう砂　古布

❶ 古布で、固形物をできるだけとりのぞきます。

❷ 水を含ませた古布で、シミを落とします。

❸ お湯にほう砂*を溶かします。お湯500㎖にほう砂小さじ1が目安です。

❹ シミに❸をたっぷりしみこませます。

❺ ❸を含ませた古布で、シミを落とします。

❻ 乾いた古布で、水分をよく拭きとり、乾かして仕上げます。

★ 訳者アドバイス
ほう砂

アメリカでは、重曹とよく似た使われ方をするほう砂。日本では薬局で買うことができます。重曹との大きな違いは、ほう砂には殺菌作用と漂白作用がある点です。

食べ物のシミ｜飲み物のシミ｜**分泌物・排泄物のシミ**｜文房具のシミ｜化粧品・薬品のシミ｜アウトドアのシミ｜その他のシミ

側面見出し（上から下）: 血液 / 汗 / 汚れの首輪 / 嘔吐物 / 赤ちゃんのミルク / 尿 / 便

インテリアの布についた場合

○ 基本のシミぬき

水　お湯　ほう砂
古布　当て布

❶ 古布で、固形物をできるだけとりのぞきます。

❷ クッションカバーなど、外せるものは外します。カバーが外せなくても、裏から当て布ができる場合は、当て布をします。

❸ 水を含ませた古布で、シミを落とします。

❹ お湯にほう砂*を溶かします。お湯500mlにほう砂小さじ1が目安です。

❺ シミに❹をたっぷりしみこませます。

❻ 古布で、シミを落とします。

❼ 水を含ませた古布で、シミを落とします。

❽ 乾いた古布で、水分をよく拭きとり、乾かして仕上げます。

赤ちゃんのミルク

洗える白い布についた場合

○ 基本のシミぬき

レモン

❶ シミにレモンの絞り汁*をたっぷりしみこませます。

❷ ❶を日に当てて乾かします*。

❸ いつも通りに洗濯します。

> ★ 訳者アドバイス
> **レモンの絞り汁**
> 生のレモンを絞って使う場合は、コーヒーフィルターでこすと、絞りかすのまじらないジュースができるので、洗濯には便利です。レモンはクエン酸水で代用することもできます。

★ 訳者アドバイス
レモンをつけて日に当てる

もともと日光には漂白の作用があり、金髪の友人は「冬は日に当たる時間が短いから髪が黒っぽくなる」といっていました。

その日光の漂白作用を促進するのがレモンです。レモンをつけて日に当てると、色が抜けて白くなります。この方法は昔からシミぬきに使われてきましたが、色柄ものの衣類をこの方法でシミぬきすると、そこだけ色が薄くなってしまうことがあります。「レモンをつけて日に当てる」というシミぬき方法が白い布限定になっているのは、そのあなどれない漂白効果のためです。

洗える色柄もの*の布についた場合

○ 基本のシミぬき

重曹　水　ブラシ

❶ 重曹と水をまぜて、重曹ペーストをつくります。重曹大さじ3に水大さじ1が目安です。
❷ シミに❶を塗ります。
❸ 30分ほどおきます。
❹ ブラシで、❸を落とします。
❺ いつも通りに洗濯します。

著者アドバイス
肉の軟化剤*という奥の手 ▶ P.134

★ 訳者アドバイス
肉の軟化剤 ▶ P.134

洗える色柄もの

同じ洗える布でも、白い布と色柄もので、レシピが違うのはどうして？ そう思われる方も多いのではないかと思います。白い布で著者が使っているレモンやクエン酸は、染料の種類によって、多少色があせたような感じになることがあるのを懸念して、色柄ものについては別のレシピを紹介しているようです。

尿

洗える布についた場合

○ 基本のシミぬき

水　お湯　ほう砂

❶ 水で洗います。
❷ お湯に30分ほどつけおきします。
❸ ほう砂を加えて、いつも通りに洗濯します。

> ★ 訳者アドバイス
> **ほう砂を加えて洗濯** ▶ P.138

● とれなければこの方法で

オキシドール　ほう砂

❶ シミにオキシドールをたっぷりしみこませます。
❷ ほう砂を加えて、いつも通りに洗濯します。

> **オキシドールに注意**
> オキシドールは、色落ちの原因になることがあるので、必ず目立たないところで試してから使います。

> ★ 訳者アドバイス
> **ほう砂を加えて洗濯** ▶ P.138

カーペットについた場合

○ 基本のシミぬき

水　古布

❶ 古布で、シミを落とします。
❷ 水を含ませた古布で、シミを落とします。
❸ 乾いた古布で、水分をよく拭きとり、乾かして仕上げます。

● **とれなければこの方法で**

お湯　液体石けん　水　古布

❶ お湯に液体石けんを溶かします。お湯 200mlに液体石けん小さじ 1/4 が目安です。
❷ ❶を含ませた古布で、シミを落とします。
❸ 水を含ませた古布で、シミを落とします。
❹ シミが残っている場合は、❷〜❸をくり返します。
❺ 乾いた古布で、水分をよく拭きとり、乾かして仕上げます。

インテリアの布についた場合

○ **基本のシミぬき**

水　古布　当て布

❶ 古布で、シミを落とします。
❷ クッションカバーなど、外せるものは外します。カバーが外せなくても、当て布ができる場合は、裏から当て布をします。
❸ 水を含ませた古布で、シミを落とします。
❹ 乾いた古布で、水分をよく拭きとり、乾かして仕上げます。

● **とれなければこの方法で**

お湯　液体石けん　水　古布

❶ お湯に液体石けんを溶かします。お湯 200mlに液体石けん小さじ 1/4 が目安です。
❷ ❶を含ませた古布で、シミを落とします。
❸ 水を含ませた古布で、シミを落とします。
❹ シミが残っている場合は、❷〜❸をくり返します。
❺ 乾いた古布で、水分をよく拭きとり、乾かして仕上げます。

著者アドバイス
においというシミ

「うちの夫がにおわなくなったわ！」ファーマーズマーケットで私を見たモナは大きな声でそういいました。「今朝ね、スカンクをスプレーしたの」そういいながら、モナは安全でシンプルなスプレーで夫のイヤなにおいがとれた話をしてくれました。

「スカンク」というのは3％のオキシドール250mlに重曹大さじ1を溶かし、液体石けんをちょっとだけ入れたものです。それをスプレー容器に入れて、夫にシュッとかけてみたら、効果てき面だったというわけです。

スプレーに使ったオキシドールは薄めてあるため、色落ちの心配はありませんから、いろいろな布やカーペットにも使えます。もちろん、心配な時は、目立たないところで試していただいたほうがいいとは思いますが……。スプレーしたらそのまま数分おき、水をたっぷり含ませたスポンジでこするか、水で洗いながします。

便

カーペットについた場合

○ 基本のシミぬき

お湯　アンモニア　トイレットペーパー　古布

❶ トイレットペーパーで、固形物をできるだけとりのぞきます。
❷ お湯にアンモニア数滴を溶かします。
❸ ❷を含ませた古布で、シミを落とします。
❹ 乾いた古布で、水分をよく拭きとり、乾かして仕上げます。

著者アドバイス
おしり拭きでシミぬき

おしり拭きでカーペットについた便を拭きとるのも効果的です。

インテリアの布についた場合

○ 基本のシミぬき

お湯　アンモニア
トイレットペーパー　当て布　古布

❶ トイレットペーパーで、固形物をできるだけとりのぞきます。
❷ クッションカバーなど、外せるものは外します。カバーが外せなくても、当て布ができる場合は、裏から当て布をします。
❸ お湯にアンモニア数滴を溶かします。
❹ ❸を含ませた古布で、シミを落とします。
❺ 乾いた古布で、水分をよく拭きとり、乾かして仕上げます。

手あか

壁紙についた場合

○ 基本のシミぬき

パン

❶ パンをちぎって丸めます。
❷ パンで、シミをそっと落とします。

> **著者アドバイス**
> **ライ麦パンや黒パンは NG**
> パンは、食パンやフランスパンの白い部分を使います。

食べ物のシミ

飲み物のシミ

分泌物・排泄物のシミ

文房具のシミ

化粧品・薬品のシミ

アウトドアのシミ

その他のシミ

ペンキの壁についた場合

○ 基本のシミぬき

消しゴム

❶ 消しゴムで、シミをそっと落とします。

> **著者アドバイス**
> **消しゴムはゴム製を**
> 消しゴムはプラスチック製ではなく、昔ながらのゴム製のものを使います。

ペットの尿

カーペットについた場合

○ 基本のシミぬき

お湯　液体石けん　水　酢

古布　スポンジ

❶ 古布で、シミを落とします。

❷ お湯に液体石けんを溶かします。お湯 250mlに液体石けん小さじ 1/4 が目安です。

❸ ❷を含ませたスポンジで、シミを落とします。

❹ シミが残っている場合は、❸をくり返します。

❺ 水に酢を溶かします。水 100mlに酢 50ml が目安です。

❻ ❺を含ませたスポンジで、シミを落とします。

❼ 乾いた古布で、水分をよく拭きとり、乾かして仕上げます。

著者アドバイス
タオルで水分を吸いとる
ペットの尿を吸いとる時は、古布といっても、吸水性が大切です。できればタオルで水を吸いとります。

インテリアの布についた場合

○ 基本のシミぬき

お湯　液体石けん　水　酢

古布　スポンジ

❶ 古布で、シミを落とします。
❷ クッションカバーなど、外せるものは外します。カバーが外せなくても、当て布ができる場合は、裏から当て布をします。
❸ お湯に液体石けんを溶かします。お湯250mlに液体石けん小さじ1/4が目安です。
❹ ❸を含ませたスポンジで、シミを落とします。
❺ シミが残っている場合は、❹をくり返します。
❻ 水に酢を溶かします。水100mlに酢50mlが目安です。
❼ ❻を含ませたスポンジで、シミを落とします。
❽ シミぬきをした部分に古布をおき、上から重しをして水分を十分に吸いとります。
❾ 乾いた古布で、水分をよく拭きとり、乾かして仕上げます。

著者アドバイス
ペットの尿のにおい対策
ペットショップで、尿のにおいに効く酵素入り洗剤を売っています。子犬のトレーニング中や縄張り意識の強い猫を飼っている人は、1つ手元においておくと便利です。

ペットの嘔吐物

カーペットについた場合

○ 基本のシミぬき

重曹　掃除機

❶ 嘔吐物に重曹を振りかけます。
❷ 重曹が水分を吸いとるまで、おきます。
❸ 掃除機で吸いとります。

著者アドバイス
ペットにアンモニアはダメ
ペットの粗相のシミを落とす時は、アンモニアは使いません。アンモニアのにおいがすると、それにつられて、くり返しそこに粗相をするかもしれないからです。

● とれなければこの方法で

炭酸水　古布

❶ 炭酸水を含ませた古布で、シミを落とします。
❷ 乾いた古布で、水分をよく拭きとり、乾かして仕上げます。

著者アドバイス
猫の粗相を炭酸水で
猫は毛玉を吐きだします。吐きだす場所も、カーペットの真ん中や、すてきなソファの上など、ほぼ決まっています。市販のペット用クリーナーをいろいろ試してみましたが、思うような効果は得られませんでした。そこで私が最近使っているのが炭酸水です。
愛猫のロキシーがプレゼントを残していったら、固形物を布でできるだけ拭きとってから、炭酸水をしみこませます。2分ほどおいてから、別の乾いた古布でシミを吸いとります。

文房具のシミ

染料が中心の文房具のシミですが、もともと色をつけるためにつくられた製品が多いので、落ちにくいのが特徴です。
メーカーのウェブサイトやフリーダイヤルも上手に活用しながら、それぞれの製品にあったシミの落とし方を見つけましょう。

縦書き見出し(左端): ボールペンのインク／サインペンのインク／万年筆のインク／水性マーカー／油性マーカー／油性マジック／クレヨン

ボールペンのインク

洗える布についた場合

○ 基本のシミぬき

お湯　ヘアスプレー　液体石けん
当て布　古布

❶ 裏から当て布をして、お湯を含ませた古布で、シミを落とします。
❷ シミにヘアスプレー★をかけます。
❸ 古布で、シミを落とします。
❹ シミが残っている場合は、❷〜❸をくり返します。
❺ お湯に液体石けんを溶かします。お湯250mlに液体石けん小さじ1が目安です。
❻ ❺を含ませたスポンジで、シミを落とします。
❼ いつも通りに洗濯します。

著者アドバイス
お湯でお洗濯
洗濯機にお湯が入れられる場合は、お湯で洗うとより効果的です。

★ 訳者アドバイス
ヘアスプレー
ヘアスプレーの成分がシミぬきに効くのかしら……と思って調べてみたところ、多くのヘアスプレーにはエタノールが含まれていました。エタノールがシミに効くのは確かですが、それなら、わざわざヘアスプレーを買わなくても、エタノールそのものがあれば問題ありません。
ほかになにか入っているかしら？と細かく見ていくと、スプレーを噴射させるためにLPGが含まれているようです。LPGは原油を精製する時などに出る液化石油ガスのことです。
ただ、ヘアスプレーの原料をよく見ると、オリーブオイル、そのほか髪を保護する成分がいろいろ入っていることもあり、使い方を間違えると別のシミをつくることになりかねません。シミぬきに使う場合は、できるだけ余分なものの入っていない商品を選んだほうが無難です。

● とれなければこの方法で

牛乳　コーンスターチ　水　ブラシ

❶ 牛乳に1時間ほどつけおきします。
❷ コーンスターチと水をまぜて、ペーストをつくります。コーンスターチ大さじ3に水大さじ2が目安です。
❸ シミに❷を塗ります。
❹ 30分ほどおきます。
❺ ブラシで、❹を落とします。
❻ いつも通りに洗濯します。

■ それでもとれなければ……

エタノール　お湯　液体石けん　スポンジ

❶ 消毒用エタノールを含ませたスポンジで、シミを落とします。
❷ お湯に液体石けんを溶かします。お湯250mlに液体石けん小さじ1が目安です。
❸ ❷を含ませたスポンジで、シミを落とします。
❹ いつも通りに洗濯します。

❗ 消毒用エタノールに注意

消毒用エタノールは、色落ちの原因になったり、布を傷めたりすることがあるので、必ず目立たないところで試してから使います。

◪ どうしてもとれなければ……

エタノール　当て布

❶ 裏から当て布をして、消毒用エタノールをたっぷりしみこませます。
❷ いつも通りに洗濯します。

❗ 消毒用エタノールに注意

著者アドバイス
急場をしのぐには

外出中など、シミぬきの材料が手元にない時は、ヘアスプレーをかけてインクを落としてしまいます。
赤ちゃんのおしり拭きでインクのシミを拭きとるのも効果的。
職場で電話やキーボードの殺菌用にアルコール綿を常備している場合は、シャツのポケットについたインクのシミを落としてみましょう。

皮革製品についた場合

○ 基本のシミぬき

牛乳　お湯　古布　スポンジ

❶ 牛乳を含ませた古布で、シミを落とします。
❷ お湯を含ませたスポンジで、シミを落とします。
❸ 乾いた古布で、水分をよく拭きとり、乾かして仕上げます。

カーペットについた場合

○ 基本のシミぬき

エタノール　古布

❶ 消毒用エタノールを含ませた古布で、シミを落とします。
❷ 乾いた古布で、水分をよく拭きとり、乾かして仕上げます。

❗ 消毒用エタノールに注意

消毒用エタノールは、色落ちの原因になったり、布を傷めたりすることがあるので、必ず目立たないところで試してから使います。

インテリアの布についた場合

○ 基本のシミぬき

エタノール　当て布　古布　スポンジ

❶ クッションカバーなど、外せるものは外します。カバーが外せなくても、当て布ができる場合は、裏から当て布をします。
❷ 消毒用エタノールを含ませた古布で、シミを落とします。
❸ 水を含ませたスポンジで、シミを落とします。
❹ 乾いた古布で、水分をよく拭きとり、乾かして仕上げます。

❗ 消毒用エタノールに注意

プラスチックについた場合

○ 基本のシミぬき

エタノール　古布

❶ 消毒用エタノールを含ませた古布を、シミにかぶせます。
❷ 15分ほどおきます。
❸ ❶の古布で、シミを落とします。

> ⚠ 消毒用エタノールに注意

壁紙についた場合

○ 基本のシミぬき

ヘアスプレー　エタノール　古布

❶ シミにヘアスプレーをかけます。
❷ 消毒用エタノールを含ませた古布で、シミを落とします。
❸ 乾いた古布で、水分をよく拭きとり、乾かして仕上げます。

> ⚠ 消毒用エタノールに注意

著者アドバイス
机についたボールペンのシミ

雑誌などの記事を書いているライターで、ペンシルバニア在住のマリーは、白い机にボールペンのシミをたくさんつけてしまいました。市販されている拭き掃除用の布を使ってみましたが、うまくいきませんでした。そこで、消毒用エタノールを布に含ませて強くこすってみたところ、シミを落とすことができました。

食べ物のシミ／飲み物のシミ／分泌物・排泄物のシミ／**文房具のシミ**／化粧品・薬品のシミ／アウトドアのシミ／その他のシミ

サインペンのインク

洗える布についた場合

○ 基本のシミぬき

お湯　液体石けん　アンモニア
古布　当て布　コットン

❶ 古布2枚で、シミのついた部分をはさみ、押しながらシミを落とします。

❷ お湯に液体石けんとアンモニアを溶かします。お湯250mlに液体石けん小さじ1、アンモニア1〜2滴が目安です。

❸ シミに❷をたっぷりしみこませます。

❹ 裏から当て布をして、コットンでシミを落とします。

❺ いつも通りに洗濯します。

著者アドバイス
似た布で試してみる

ボールペンやサインペンのインクがついてしまったら、シミがついた布と似た布にシミをつけて、シミが落ちるかどうかを試してみると、安心です。

● とれなければこの方法で

エタノール　当て布　古布

❶ 裏から当て布をして、消毒用エタノールを含ませた古布で、シミを落とします。

❷ いつも通りに洗濯します。

> **消毒用エタノールに注意**
> 消毒用エタノールは、色落ちの原因になったり、布を傷めたりすることがあるので、必ず目立たないところで試してから使います。

著者アドバイス
ピンポイントで

シミが広がってしまうといけないので、シミのついている場所だけを、ピンポイントでたたくようにします。

カーペットについた場合

○ 基本のシミぬき

エタノール　コットン　古布

❶ コットンで、シミを落とします。
❷ 消毒用エタノールを含ませたコットンで、シミを落とします。
❸ 乾いた古布で、水分をよく拭きとり、乾かして仕上げます。

> ❗ 消毒用エタノールに注意

インテリアの布についた場合

○ 基本のシミぬき

エタノール　当て布　コットン　古布

❶ クッションカバーなど、外せるものは外します。カバーが外せなくても、当て布ができる場合は、裏から当て布をします。
❷ コットンで、水分を吸いとります。
❸ 消毒用エタノールを含ませたコットンで、シミを落とします。
❹ 乾いた古布で、水分をよく拭きとり、乾かして仕上げます。

> ❗ 消毒用エタノールに注意

万年筆のインク

洗える布についた場合

○ 基本のシミぬき

アンモニア　お湯　液体石けん

古布　スポンジ

❶ アンモニアを含ませた古布で、シミを落とします。
❷ お湯に液体石けんを溶かします。お湯250mlに液体石けん小さじ1が目安です。
❸ ❷を含ませたスポンジで、シミを落とします。
❹ いつも通りに洗濯します。

著者アドバイス
お湯でお洗濯 ▶ P.150

● とれなければこの方法で

水　アンモニア

❶ 水にアンモニアを溶かします。水180mlにアンモニア120ccが目安です。
❷ ❶にひと晩つけおきします。
❸ いつも通りに洗濯します。

著者アドバイス
お湯でお洗濯 ▶ P.150

ウールやシルクについた場合

○ 基本のシミぬき

水　アンモニア　お湯　液体石けん

古布　スポンジ

❶ 水で洗います。
❷ 水にアンモニアを溶かします。水小さじ1にアンモニア小さじ1が目安です。

❸ ❷を含ませた古布で、シミを落とします。
❹ お湯に液体石けんを溶かします。お湯250mlに液体石けん小さじ1が目安です。
❺ ❹を含ませたスポンジで、シミを落とします。
❻ いつも通りに洗濯します。

> **著者アドバイス**
> **変色してしまったら……**
> アンモニアで変色してしまった場合は、酢をかけてアンモニアを中和させると、褪色を防ぐことができます。
>
> **お湯でお洗濯 ▶ P.150**

カーペットについた場合

○ 基本のシミぬき

お湯　液体石けん　水　古布

❶ お湯を含ませた古布で、シミを落とします。
❷ お湯に液体石けんを溶かします。お湯500mlに液体石けん60mlが目安です。
❸ シミに❷をたっぷりしみこませます。
❹ 古布で、シミを落とします。
❺ 水を含ませた古布で、シミを落とします。
❻ 乾いた古布で、水分をよく拭きとり、乾かして仕上げます。

インテリアの布についた場合

○ 基本のシミぬき

お湯　液体石けん　水
当て布　スポンジ　古布

❶ クッションカバーなど、外せるものは外します。カバーが外せなくても、当て布ができる場合は、裏から当て布をします。
❷ お湯を含ませたスポンジで、シミを落とします。
❸ お湯に液体石けんを溶かします。お湯500mlに液体石けん60mlが目安です。
❹ シミに❸をたっぷりしみこませま

サイドタブ(縦): ボールペンのインク / サインペンのインク / 万年筆のインク / 水性マーカー / 油性マーカー / 油性マジック / クレヨン

す。
❺ 水を含ませたスポンジで、シミを落とします。
❻ 乾いた古布で、水分をよく拭きとり、乾かして仕上げます。

皮革製品についた場合

○ 基本のシミぬき

テレピン油　古布

❶ 古布で、シミを落とします。
❷ テレピン油★を含ませた古布で、シミを落とします。
❸ 乾いた古布で、水分をよく拭きとり、乾かして仕上げます。

> ★ 訳者アドバイス
> **テレピン油**
> テレピン油はそれ自体を塗るのではなく、シミの原因を溶かす材料として使われています。原料は松脂ですが、揮発性もあります。使う場合には換気に気をつけるなど、天然の素材とはいっても注意が必要です。

水性マーカー

洗える布についた場合

☆ ついたばかりなら……

おしり拭き

❶ おしり拭きで、シミを落とします。

○ 基本のシミぬき

水　エタノール　漂白剤

当て布　古布

❶ 裏から当て布をして、水を含ませた古布で、シミを落とします。
❷ 古布に色がつかなくなるまで、❶をくり返します。
❸ 消毒用エタノールを含ませた古布で、シミを落とします。
❹ 漂白剤★を加えて、いつも通りに

洗濯します。

> **! 消毒用エタノールに注意**
> 消毒用エタノールは、色落ちの原因になったり、布を傷めたりすることがあるので、必ず目立たないところで試してから使います。

著者アドバイス
メーカーのウェブで確認
ウェブサイトなどで文具メーカーがどのような落とし方を推奨しているか確認し、試してみるのも有効な方法です。

おく場所にもひと工夫
シミの原因になりやすいマーカー類は、子どもの手の届くところにおかない工夫も大切です。

お湯でお洗濯 ▶ P.150

★ 訳者アドバイス
漂白剤
漂白剤と書いてある場合は、塩素系ではなく酸素系漂白剤を使います。

カーペットについた場合

○ 基本のシミぬき

水　　エタノール　　古布　　スポンジ

❶ シミに水をたっぷりしみこませます。
❷ 古布で、シミを落とします。
❸ 消毒用エタノールを含ませた古布で、シミを落とします。
❹ 水を含ませたスポンジで、シミを落とします。
❺ 乾いた古布で、水分をよく拭きとり、乾かして仕上げます。

著者アドバイス
作業はきれいな古布で
きれいな部分が常にシミに当たるように、古布はこまめに場所を変えながら作業をします。

> **! 消毒用エタノールに注意**

縦書きタブ（左端、上から下）：
ボールペンのインク／サインペンのインク／万年筆のインク／水性マーカー／油性マーカー／油性マジック／クレヨン

インテリアの布についた場合

○ 基本のシミぬき

水　エタノール

当て布　古布　スポンジ

❶ クッションカバーなど、外せるものは外します。カバーが外せなくても、当て布ができる場合は、裏から当て布をします。
❷ シミに水をたっぷりしみこませます。
❸ 古布で、シミを落とします。
❹ 当て布をしたまま、消毒用エタノールを含ませた古布で、シミを落とします。
❺ 水を含ませたスポンジで、シミを落とします。
❻ 乾いた古布で、水分をよく拭きとり、乾かして仕上げます。

> **消毒用エタノールに注意**
> 消毒用エタノールは、色落ちの原因になったり、布を傷めたりすることがあるので、必ず目立たないところで試してから使います。

家電製品★についた場合

○ 基本のシミぬき

水　重曹　スポンジ　古布

❶ 水を含ませたスポンジで、シミを落とします。
❷ 古布に重曹をつけ、円を描くようにして落とします。
❸ 水を含ませたスポンジで、シミを落とします。
❹ 乾いた古布で、水分をよく拭きとり、乾かして仕上げます。

★ 訳者アドバイス
家電製品の作業

家電製品については、水が入らないように細心の注意を払って作業してください。また、水がかかってしまった部分は、使う前に、必ず乾拭きをして水気を拭きとります。

著者アドバイス
水をつけてこする

プラスチックなど表面が硬いものは、たいてい水をつけてこするだけできれいになります。ただし、仕上げ剤を塗っていない木製品などは水拭きで傷むことがあります。

● とれなければこの方法で

エタノール　水　液体石けん　古布

❶ 消毒用エタノールを含ませた古布で、シミを落とします。
❷ 水に液体石けんを溶かします。水120㎖に液体石けん小さじ1/4が目安です。
❸ ❷を含ませた古布で、シミを落とします。
❹ 水を含ませた古布で、シミを落とします。
❺ 乾いた古布で、水分をよく拭きとり、乾かして仕上げます。

! **消毒用エタノールに注意**

家具などの木製品についた場合

○ 基本のシミぬき

水　重曹　スポンジ　古布

❶ 水を含ませたスポンジで、シミを落とします。
❷ 古布に重曹をつけ、円を描くように、シミを落とします。
❸ 水を含ませたスポンジで、シミを落とします。
❹ 乾いた古布で、水分をよく拭きとり、乾かして仕上げます。

縦書き見出し（左端）: ボールペンのインク / サインペンのインク / 万年筆のインク / 水性マーカー / 油性マーカー / 油性マジック / クレヨン

著者アドバイス
水拭き注意

ニスなどの仕上げ剤を塗っていない木製品は、水拭きで傷むことがあります。

● **とれなければこの方法で**

エタノール　水　液体石けん

古布　スポンジ

❶ 消毒用エタノールを含ませた古布で、シミを落とします。
❷ 水に液体石けんを溶かします。水120mlに液体石けん小さじ1/4が目安です。
❸ ❷を含ませた古布で、シミを落とします。
❹ 水を含ませたスポンジで、シミを落とします。
❺ 乾いた古布で、水分をよく拭きとり、乾かして仕上げます。

> **❗ 消毒用エタノールに注意**
>
> 消毒用エタノールは、色落ちの原因になったり、布を傷めたりすることがあるので、必ず目立たないところで試してから使います。

著者アドバイス
消毒用エタノールがなければ……

消毒用エタノールがなければ、除光液で代用します。

水をつけてこする ▶ P.161

プラスチックについた場合

○ **基本のシミぬき**

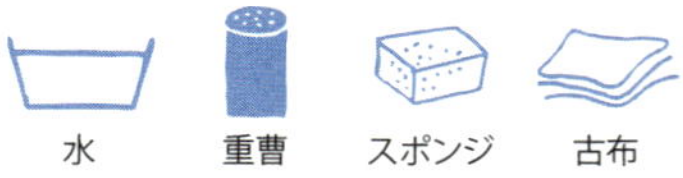

水　重曹　スポンジ　古布

❶ 水を含ませたスポンジで、シミを落とします。
❷ 古布に重曹をつけ、円を描くようにして落とします。
❸ 水を含ませたスポンジで、シミを落とします。

❹ 乾いた古布で、水分をよく拭きとり、乾かして仕上げます。

●とれなければこの方法で

エタノール　水　液体石けん
古布　スポンジ

❶ 消毒用エタノールを含ませた古布で、シミを落とします。
❷ 水に液体石けんを溶かします。水120㎖に液体石けん小さじ1/4が目安です。
❸ ❷を含ませた古布で、シミを落とします。
❹ 水を含ませたスポンジで、シミを落とします。
❺ 乾いた古布で、水分をよく拭きとり、乾かして仕上げます。

> 消毒用エタノールに注意

油性マーカー

洗える布についた場合

○ 基本のシミぬき

エタノール　お湯　液体石けん
当て布　コットン　スポンジ

❶ 裏から当て布をして、消毒用エタノールを含ませたコットンで、上から静かにシミをたたきます。
❷ お湯に液体石けんを溶かします。お湯250㎖に液体石けん小さじ1が目安です。
❸ ❷を含ませたスポンジで、シミを落とします。
❹ いつも通りに洗濯します。

食べ物のシミ / 飲み物のシミ / 分泌物・排泄物のシミ / 文房具のシミ / 化粧品・薬品のシミ / アウトドアのシミ / その他のシミ

ボールペンのインク / サインペンのインク / 万年筆のインク / 水性マーカー / 油性マーカー / 油性マジック / クレヨン

> **消毒用エタノールに注意**
> 消毒用エタノールは、色落ちの原因になったり、布を傷めたりすることがあるので、必ず目立たないところで試してから使います。

著者アドバイス
シミが大きくならないように……
外側から内側に向かって作業します。シミのついていない部分に触れないようにします。

壁紙についた場合

☆ ついたばかりなら…

お湯　液体石けん　エタノール
スポンジ　コットン　古布

❶ お湯に液体石けんを溶かします。お湯 250㎖ に液体石けん小さじ 1 が目安です。
❷ ❶を含ませたスポンジで、シミを落とします。
❸ 消毒用エタノールを含ませたコットンで、シミの外側から内側に向かって落とします。
❹ 乾いた古布で、水分をよく拭きとり、乾かして仕上げます。

> **消毒用エタノールに注意**

著者アドバイス
液だれに注意
消毒用エタノールが垂れると、壁のほかの部分がシミになることがあるので、液だれしないようにコットンの下に古布を当てて作業をします。

○ 基本のシミぬき

歯磨き粉　水　スポンジ　古布

❶ シミに歯磨き粉を塗ります。
❷ 水を含ませたスポンジで、シミを落とします。
❸ 乾いた古布で、水分をよく拭きとり、乾かして仕上げます。

著者アドバイス
ジェルタイプの歯磨きは NG
歯磨き粉は研磨剤として使うので、ジェルタイプの歯磨きでは効果が期待できません。

油性マジック

洗える布についた場合

○ 基本のシミぬき

お湯　液体石けん

❶ お湯にひと晩つけおきします。
❷ シミに液体石けんをたっぷりしみこませます。
❸ いつも通りに洗濯します。

著者アドバイス
「パーマネント」と胸を張るだけの理由

私は白いTシャツに、青い油性マジックで3本の線を引き、石油系の洗剤2種類（ライターのオイルと潤滑油のスプレー）と消毒用エタノールを塗って、落ちるかどうか試してみました。どれも裏からきれいな布で当て布をして、上から別の布で落とすという作業をしました。

石油系の洗剤はどちらもほとんど効果がありませんでした。それどころか、新たに油のシミまでついてしまいました。

一方、消毒用エタノールをくり返しつけると、シミはほとんどなくなりました。一番長くマーカーを押しつけていた部分のシミだけは残ってしまいましたが……。消毒用エタノールは揮発性があるおかげで、新しいシミができることがないというのも利点でした。

消毒用エタノールでシミぬきをした後のTシャツは、お湯に少し液体石けんを溶かしたもので下洗いしてから洗濯機で洗いました。完璧とはいえないまでも、シミはずいぶん目立たなくなりました。

食べ物のシミ

飲み物のシミ

分泌物・排泄物のシミ

文房具のシミ

化粧品・薬品のシミ

アウトドアのシミ

その他のシミ

クレヨン

壁紙についた場合

○ 基本のシミぬき

スチールたわし

❶ スチールたわし*で、シミをそっと落とします。

> **★訳者アドバイス**
> **スチールたわし**
> スチールタワシとひと口にいっても、かなり硬いものから柔らかいものまで、さまざまです。壁などにキズをつけないためには、できるだけ細かくて柔らかいスチールタワシを使います。キズがついてしまいそうな場合は、スチールタワシではなく、柔らかいブラシなどを使うことをオススメします。

● とれなければこの方法で

水　重曹　スポンジ　古布

❶ 水を含ませたスポンジに重曹をつけ、シミを落とします。
❷ 古布で、❶を落とします。

■ それでもとれなければ……

歯磨き粉　水　スポンジ　古布

❶ シミに歯磨き粉を塗ります。
❷ 水を含ませたスポンジで、シミを落とします。
❸ 乾いた古布で、よく拭きとり、乾かして仕上げます。

> **著者アドバイス**
> **ジェルタイプの歯磨きは NG**
> ▶ P.164

洗える布についた場合

○ 基本のシミぬき

WD-40　液体石けん　当て布　古布

❶　裏から当て布をして WD-40*をスプレーします。
❷　布を裏返しし、裏からも WD-40 をスプレーします。
❸　数分おきます。
❹　古布に液体石けんをつけ、たたくようにして、シミを落とします。
❺　いつも通りに洗濯します。

> **著者アドバイス**
> **作業はきれいな古布で** ▶ P.159
>
> ----
>
> **漂白剤*でお洗濯**
> 漂白剤を入れて洗濯をすると、より効果的です。

★ 訳者アドバイス
WD-40

日本では防錆潤滑剤として知られる WD-40 ですが、アメリカではこれを使ってクレヨンの汚れを落とす人が多いようです。「クレヨンとクレヨンのついた素材のあいだに入りこんで、クレヨンを落としやすくする機能がある」という販売店の言葉を紹介しているのは "Clean it Fast Clean it Right" の編者ジェフ・ブレデンバーグ。大手クレヨンメーカーのクレオラ社でも、WD-40 での汚れ落としを推奨しています。

ただし、目や喉に刺激を感じる、発ガン性が疑われるなど、安全性が高いとはいえないのも事実です。

ぺんてる社やさくらクレパス社といった日本のクレヨンメーカーのウェブサイトを見ると、洗える布ならお湯に洗剤を溶かしてつけおきといった紹介がされています。

完全に落とすなら WD-40 でしょうが、私なら、石けんとお湯で落とす程度にとどめるような気もします。

漂白剤 ▶ P.159

カーペットについた場合

○ 基本のシミぬき

WD-40　クレジットカード　歯ブラシ　古布

❶ クレジットカード★で、表面のクレヨンをできるだけ落とします。
❷ WD-40★をスプレーします。
❸ 数分おきます。
❹ 歯ブラシで、シミを落とします。
❺ 乾いた古布で、水分をよく拭きとり、乾かして仕上げます。

★ 訳者アドバイス
クレジットカード

現在使っているクレジットカードを使ってよいという話ではもちろんありません。いらないクレジットカードやメンバーズカードのような薄いプラスチックカードを使うと、固形物などがうまくこそげ落とせるので、ここでは便宜上「クレジットカード」と書いています。クレジットカードがない場合は、切れすぎないナイフや爪を使うとよいでしょう。

WD-40 ▶ P.167

インテリアの布についた場合

○ 基本のシミぬき

WD-40　液体石けん

クレジットカード　当て布　歯ブラシ　古布

❶ クレジットカード★で、表面のクレヨンをできるだけ落とします。
❷ クッションカバーなど、外せるものは外します。カバーが外せなくても、当て布ができる場合は、裏から当て布をします。
❸ WD-40★をスプレーします。
❹ 数分おきます。
❺ 歯ブラシで、シミを落とします。
❻ WD-40を再度スプレーします。
❼ シミに液体石けんをしみこませます。
❽ もう一度歯ブラシで、シミを落とします。
❾ 乾いた古布で、水分をよく拭きとり、乾かして仕上げます。

★ 訳者アドバイス
WD-40 ▶ P.167

クレヨン／鉛筆／油絵の具／水彩絵の具／接着剤／糊／シール

コンクリートについた場合

○ 基本のシミぬき

WD-40　クレジットカード　たわし　古布

❶ クレジットカード★で、表面のクレヨンをできるだけとりのぞきます。
❷ シミにWD-40★をスプレーします。
❸ たわしで、シミを落とします。
❹ WD-40を再度スプレーします。
❺ 古布で、シミを落とします。

> ★ 訳者アドバイス
> **WD-40** ▶ P.167

鉛筆

洗える布についた場合

○ 基本のシミぬき

お湯　液体石けん　アンモニア

ブラシ　練りゴム

❶ ブラシで、シミを落とします。
❷ 練りゴム★で、シミを落とします。
❸ お湯に液体石けんとアンモニアを溶かします。お湯250mlに液体石けん小さじ1、アンモニア数滴が目安です。
❹ シミに❸をたっぷりしみこませます。
❺ いつも通りに洗濯します。

> 著者アドバイス
> **お湯でお洗濯** ▶ P.150

縦書き見出し（左側）: クレヨン／鉛筆／油絵の具／水彩絵の具／接着剤／糊／シール

★ 訳者アドバイス
練りゴム
カスが出にくく、紙を傷めないので壁紙などのお手入れに向いています。

壁紙についた場合

○ 基本のシミぬき

練りゴム

❶ 練りゴム*で、シミを落とします。

家具などの木製品についた場合

○ 基本のシミぬき

練りゴム

❶ 練りゴム*で、シミを落とします。

プラスチックについた場合

○ 基本のシミぬき

お湯　液体石けん　スポンジ

❶ お湯に液体石けんを溶かします。お湯 250㎖ に液体石けん小さじ 1 が目安です。
❷ ❶を含ませたスポンジで、シミを落とします。

ペンキの壁についた場合

○ 基本のシミぬき

練りゴム

❶ 練りゴム*で、シミを落とします。

油絵の具

洗える布についた場合

○ 基本のシミぬき

テレピン油　水　古布　スポンジ

❶ 乾く前に、古布でシミをとりのぞきます。
❷ シミにテレピン油*をたっぷりしみこませます。
❸ 水を含ませたスポンジで、シミを落とします。
❹ いつも通りに洗濯します。

> 著者アドバイス
> **洗濯はシミがとれてから**
> 洗濯するとシミが定着してしまうので完全にシミがとれてから洗います。

> ★ 訳者アドバイス
> **テレピン油** ▶ P.158

カーペットについた場合

○ 基本のシミぬき

お湯　液体石けん　古布　スポンジ

❶ 乾く前に、古布でシミをとりのぞきます。
❷ お湯に液体石けんを溶かします。お湯500mlに液体石けん小さじ1が目安です。
❸ ❷を含ませたスポンジで、シミを落とします。
❹ お湯を含ませたスポンジで、シミを落とします。
❺ 乾いた古布で、水分をよく拭きとり、乾かして仕上げます。

● とれなければこの方法で

ワセリン　古布

❶ シミにワセリンを塗ります。
❷ 古布で、シミを落とします。
❸ 乾いた古布で、水分をよく拭きとり、乾かして仕上げます。

側面タブ: クレヨン／鉛筆／**油絵の具**／**水彩絵の具**／接着剤／糊／シール

インテリアの布についた場合

○ 基本のシミぬき

お湯　液体石けん　水
古布　当て布　スポンジ

❶ 乾く前に、古布でシミをとりのぞきます。

❷ クッションカバーなど、外せるものは外します。カバーが外せなくても、当て布ができる場合は、裏から当て布をします。

❸ お湯に液体石けんを溶かします。お湯 500 ㎖ に液体石けん小さじ1が目安です。

❹ ❸を含ませたスポンジで、シミを落とします。

❺ 水を含ませたスポンジで、シミを落とします。

❻ 乾いた古布で、水分をよく拭きとり、乾かして仕上げます。

● とれなければこの方法で

ワセリン　古布

❶ シミにワセリンを塗ります。
❷ 古布で、シミを落とします。
❸ 乾いた古布で、水分をよく拭きとり、乾かして仕上げます。

肌についた場合

○ 基本のシミぬき

植物油　石けん　古布

❶ シミに植物油を塗ります。
❷ 古布で、シミを落とします。
❸ 石けんで洗います。

水彩絵の具

洗える布についた場合

☆ ついたばかりなら……

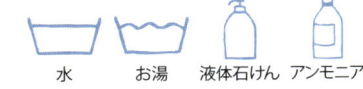

水　お湯　液体石けん　アンモニア　酢

❶ 水で洗います。
❷ お湯に液体石けん、アンモニアを溶かします。お湯100mlに液体石けん小さじ1/2、アンモニア大さじ1が目安です。
❸ ❷に30分ほどつけおきします。
❹ 水で洗います。
❺ お湯に酢を溶かします。お湯100mlに酢大さじ1が目安です。
❻ ❺に1時間ほどつけおきします。
❼ 水で洗います。
❽ いつも通りに洗濯します。

◇ 乾いてしまったら……

お湯　液体石けん　アンモニア　水　酢　漂白剤　ブラシ　クレジットカード

❶ ブラシで、シミを落とします。
❷ シミを、クレジットカード★で落とします。
❸ お湯に液体石けん、アンモニアを溶かします。お湯100mlに液体石けん小さじ1/2、アンモニア大さじ1が目安です。
❹ ❸に30分ほどつけおきします。
❺ 水で洗います。
❻ お湯に酢を溶かします。お湯100mlに酢大さじ1が目安です。
❼ ❻に1時間ほどつけおきします。
❽ 水で洗います。
❾ 漂白剤★を加えて、洗濯します。

★ 訳者アドバイス
クレジットカード ▶ P.168

漂白剤 ▶ P.159

著者アドバイス
アンモニアはシルクなどにはNG
アンモニアを使うこの方法は、アセテート、ナイロン、シルク、ウールには使えません。

カーペットについた場合

○ 基本のシミぬき

エタノール　お湯　液体石けん　水

古布　スポンジ

❶ 古布で、シミを落とします。
❷ 消毒用エタノールを含ませたスポンジで、シミを落とします。
❸ お湯に液体石けんを溶かします。お湯 120㎖ に液体石けん小さじ 1/4 が目安です。
❹ ❸を含ませた古布で、シミを落とします。
❺ 水を含ませたスポンジで、シミを落とします。
❻ 乾いた古布で、水分をよく拭きとり、乾かして仕上げます。

> **消毒用エタノールに注意**
> 消毒用エタノールは、色落ちの原因になったり、布を傷めたりすることがあるので、必ず目立たないところで試してから使います。

著者アドバイス
どうしようもないシミ

一見、表面だけについているように見える小さなシミが、実は中側まで広がっているダメージやシミの一部だった……ということが時々あります。いくらシミを落とすのが得意でも、物理的に摩耗や裂け目の結果できたものはどうしようもありません。摩耗や焼けこげ、切り傷や裂け目が原因のダメージは、シミを落とすよりはるかにやっかいです。

そんな時には、見た目のダメージを最小限に食いとめるというのが精一杯ではないでしょうか。色があせたり、摩耗したりした壁紙は、クレヨンで補修しましょう。木材が削れたところは、木材用のパテでうめます。シミやペンキは、よく似たものを塗ります。ペンキを塗った壁は、こまめに補修しましょう。ちょっと削れてしまったカウンタートップには、軽くサンドペーパーをかけます。

接着剤

洗える布についた場合

○ 基本のシミぬき

エタノール　古布

❶ シミに消毒用エタノールをたっぷりしみこませます。
❷ 古布で、シミを落とします。
❸ いつも通りに洗濯します。

! 消毒用エタノールに注意

家具などの木製品についた場合

○ 基本のシミぬき

ノンオイル除光液　古布

❶ シミにノンオイル除光液★をたっぷりしみこませます。
❷ 古布で、シミを落とします。

> ★ 訳者アドバイス
> **ノンオイル除光液**
> アセトンの除光液は、爪の保護のために油が配合されていることがあります。アセトンフリーの除光液の中には、オイルも入っていないオイルフリーの除光液も出ているようです。シミぬきには、油分が入っていると、逆にシミになる可能性があるので、ノンオイル除光液が安心です。必ず目立たないところで試してから使います。

食べ物のシミ

飲み物のシミ

分泌物・排泄物のシミ

文房具のシミ

化粧品・薬品のシミ

アウトドアのシミ

その他のシミ

|接着剤|

肌についた場合

○ 基本のシミぬき

お湯　液体石けん　水　コットン

❶ お湯に液体石けんを溶かします。お湯 120 ㎖ に液体石けん小さじ 1 が目安です。
❷ ❶を含ませたコットンで、シミを少しずつ落とします。
❸ 水で洗います。

● とれなければこの方法で

アセトン除光液　石けん　コットン

❶ アセトン除光液*を含ませたコットンで、シミを落とします。
❷ 石けんをつけて洗います。

> **著者アドバイス**
> **換気を忘れずに**
> 窓を開けるなど、換気をして作業をしてください。また、熱源や火気のないところで作業します。

|糊|

洗える布についた場合

○ 基本のシミぬき

水　古布

❶ 水を含ませた古布で、シミを落とします。
❷ いつも通りに洗濯します。

> **著者アドバイス**
> **乾く前に作業を**
> 水溶性の糊は、乾燥すると落ちにくくなるので、乾く前に作業をします。

カーペットについた場合

○ 基本のシミぬき

お湯　古布

❶ お湯を含ませた古布を、シミにかぶせます。
❷ シミが柔らかくなるまで、1時間ほどおきます。
❸ ❶の古布で、円を描くように、シミを落とします。
❹ 乾いた古布で、水分をよく拭きとり、乾かして仕上げます。

● とれなければこの方法で

酢　水
スプーン　スポンジ　古布

❶ シミに酢をたっぷりしみこませます。
❷ スプーンで、シミをカーペットの繊維のあいだからかきだします。
❸ 水を含ませたスポンジで、シミを落とします。
❹ 乾いた古布で、水分をよく拭きとり、乾かして仕上げます。

> **著者アドバイス**
> **爪切りという奥の手**
> どうしてもとれない場合は、爪切りでシミのついた部分を切ってしまうという奥の手もあります。

インテリアの布についた場合

○ 基本のシミぬき

お湯　当て布　古布

❶ クッションカバーなど、外せるものは外します。カバーが外せなくても、当て布ができる場合は、裏から当て布をします。
❷ シミのついたものを床などの安定したところにおきます。
❸ お湯を含ませた古布を、シミにかぶせます。
❹ シミが柔らかくなるまで、1時間ほどおきます。
❺ ❸の古布で、円を描くように、シ

ミを落とします。

❻ 乾いた古布で、水分をよく拭きとり、乾かして仕上げます。

● **とれなければこの方法で**

酢　水　スプーン　スポンジ　古布

❶ シミに酢をたっぷりしみこませます。

❷ スプーンで、シミをカーペットの繊維のあいだからかきだします。

❸ 水を含ませたスポンジで、シミを落とします。

❹ 乾いた古布で、水分をよく拭きとり、乾かして仕上げます。

シール

洗える布についた場合

○ **基本のシミぬき**

植物油　お湯　液体石けん　スプーン　スポンジ

❶ シミに植物油を少量塗ります。

❷ スプーンで、接着剤をできるだけ落とします。

❸ お湯に液体石けんを溶かします。お湯250mlに液体石けん小さじ1が目安です。

❹ ❸を含ませたスポンジで、シミを落とします。

❺ いつも通りに洗濯します。

● とれなければこの方法で

ワセリン　お湯　液体石けん　スポンジ

❶ シミにワセリンを塗ります。
❷ お湯に液体石けんを溶かします。お湯 250mℓ に液体石けん小さじ 1 が目安です。
❸ ❷を含ませたスポンジで、シミを落とします。
❹ いつも通りに洗濯します。

家具などの木製品についた場合

○ 基本のシミぬき

植物油　古布

❶ シミに植物油をしみこませます。
❷ 数分おきます。
❸ 古布で、シミを落とします。
❹ 乾いた古布で、油分をよく拭きとり、乾かして仕上げます。

> 著者アドバイス
> **水拭き注意 ▶ P.162**

転写シール

洗える布についた場合

○ 基本のシミぬき

植物油　お湯　液体石けん　水

スプーン　スポンジ

❶ シミに植物油を少量塗ります。
❷ スプーンで、接着剤をできるだけ落とします。
❸ お湯に液体石けん、植物油を溶かします。お湯 250mℓ に液体石けん小さじ 1、植物油小さじ 1/2 が目安です。
❹ ❸を含ませたスポンジで、シミを落とします。
❺ 水で洗います。
❻ いつも通りに洗濯します。

食べ物のシミ｜飲み物のシミ｜分泌物・排泄物のシミ｜**文房具のシミ**｜化粧品・薬品のシミ｜アウトドアのシミ｜その他のシミ

糊 / シール / 転写シール / チョーク

● とれなければこの方法で

ワセリン　お湯　液体石けん　スポンジ

❶ シミにワセリンを塗ります。
❷ お湯に液体石けんを溶かします。お湯250mlに液体石けん小さじ1が目安です。
❸ ❷を含ませたスポンジで、シミを落とします。
❹ いつも通りに洗濯します。

家具などの木製品についた場合

○ 基本のシミぬき

植物油　古布

❶ 植物油を含ませた古布で、シミを落とします。
❷ シミに植物油を塗ります。
❸ 数分おきます。
❹ 古布で、シミを落とします。
❺ 乾いた古布で、油分をよく拭きとり、乾かして仕上げます。

チョーク

洗える布についた場合

○ 基本のシミぬき

ブラシ

❶ ブラシで、シミを落とします。

● とれなければこの方法で

エタノール　当て布　コットン

❶ 裏から当て布をして、消毒用エタノールを含ませたコットンで、上から静かにシミをたたきます。

> **消毒用エタノールに注意**
> 消毒用エタノールは、色落ちの原因になったり、布を傷めたりすることがあるので、必ず目立たないところで試してから使います。

化粧品・薬品のシミ

油性のシミが多い化粧品ですが、そこに染料がからむのがやっかいなところです。染料は薬品にも使われていることがあります。落ちにくいものは複数の方法を試しながら、該当するシミを一つずつ落としていくつもりで作業をします。

口紅

洗える布についた場合

☆ ついたばかりのシミなら……

シェービングフォーム　水　ペーパータオル

❶ シミにシェービングフォームをつけます。
❷ ペーパータオルで、シミを落とします。
❸ 水で洗います。
❹ いつも通りに洗濯します。

> **著者アドバイス**
> **シェービングジェルはNG**
> シェービングフォームは、口紅のシミぬきによく効きます。ただし、シェービングジェルではシミは落ちませんから、気をつけてください。

○ 基本のシミぬき

液体石けん

❶ シミに泡立てた液体石けんを塗ります。
❷ いつも通りに洗濯します。

● とれなければこの方法で

グリセリン

❶ シミにグリセリンを塗ります。
❷ いつも通りに洗濯します。

> **著者アドバイス**
> **メーカーに相談する**
> どうしてもシミを落としたい場合は、メーカーに相談するという方法もいいと思います。

■ それでもとれなければ……

エタノール　液体石けん　スポンジ

❶ 消毒用エタノールを含ませたスポンジに液体石けんを少量つけ、シミを落とします。
❷ いつも通りに洗濯します。

> **消毒用エタノールに注意**
> 消毒用エタノールは、色落ちの原因になったり、布を傷めたりすることがあるので、必ず目立たないところで試してから使います。

◘ どうしてもとれなければ……

ワセリン　古布

❶ シミにワセリンを塗ります。
❷ 古布で、シミを落とします。
❸ いつも通りに洗濯します。

ファンデーション

洗える布についた場合

☆ ついたばかりのシミなら……

シェービングフォーム　水　ペーパータオル

❶ シミにシェービングフォームをつけます。
❷ ペーパータオルで、シミを落とします。
❸ 水で洗います。
❹ いつも通りに洗濯します。

○ 基本のシミぬき

酢　古布

❶ 酢を含ませた古布で、シミを落とします。
❷ いつも通りに洗濯します。

食べ物のシミ

飲み物のシミ

分泌物・排泄物のシミ

文房具のシミ

化粧品・薬品のシミ

アウトドアのシミ

その他のシミ

● とれなければこの方法で

エタノール　液体石けん　スポンジ

❶ 消毒用エタノールを含ませたスポンジに液体石けんをつけ、シミを落とします。

❷ いつも通りに洗濯します。

> **消毒用エタノールに注意**
> 消毒用エタノールは、色落ちの原因になったり、布を傷めたりすることがあるので、必ず目立たないところで試してから使います。

濃い色の洗える布についた場合

○ 基本のシミぬき

パン

❶ パンをちぎって丸めます。
❷ パンで、シミをそっと落とします。
❸ いつも通りに洗濯します。

著者アドバイス
ブラシでたたく
パンのかわりにブラシで軽くたたくのも効果的です。

ライ麦パンや黒パンは NG
パンは、食パンやフランスパンの白い部分を使います。

カーペットについた場合

☆ ついたばかりのシミなら……

シェービングフォーム　水　ペーパータオル　古布

❶ シミにシェービングフォームをつけます。
❷ ペーパータオルで、シミを落とします。
❸ 水を含ませた古布で、シミを落とします。
❹ 乾いた古布で、水分をよく拭きとり、乾かして仕上げます。

著者アドバイス
シェービングジェルは NG
▶ P.182

○ 基本のシミぬき

水　液体石けん　ペーパータオル　スポンジ

❶ ペーパータオルで、シミを落とします。
❷ 水を含ませたスポンジで、シミを落とします。
❸ 水に液体石けんを溶かします。水 1.8ℓに液体石けん 60㎖が目安です。
❹ シミに❸をたっぷりしみこませます。
❺ 古布で、シミを落とします。
❻ 乾いた古布で、水分をよく拭きとり、乾かして仕上げます。

● とれなければこの方法で

オキシドール　古布

❶ シミにオキシドール★を塗ります。
❷ 15 分ほどおきます。
❸ 古布で、シミを落とします。
❹ 乾いた古布で、水分をよく拭きとり、乾かして仕上げます。

> **オキシドールに注意**
> オキシドールは、色落ちの原因になることがあるので、必ず目立たないところで試してから使います。

★ 訳者アドバイス
オキシドール
髪の脱色用ではなく、3％に希釈された消毒用のものを使います。オキシドールは穏やかな漂白剤なので、小さなシミを落とすのに便利です。ほとんどの生地に使えますが、保存期間が長くなると効果が落ちるので、必要な時に必要なだけ買うようにしましょう。

縦書き見出し(左側タブ): 口紅 / ファンデーション / アイシャドー / マスカラ / チーク / マニキュア / 日焼け止め

アイシャドー

洗える布についた場合

☆ ついたばかりのシミなら……

シェービングフォーム　水　ペーパータオル

❶ シミにシェービングフォームをつけます。
❷ ペーパータオルで、シミを落とします。
❸ 水で洗います。
❹ いつも通りに洗濯します。

> **著者アドバイス**
> **シェービングジェルは NG**
> ▶ P.182

○ 基本のシミぬき

酢　古布

❶ 酢を含ませた古布で、シミを落とします。

● とれなければこの方法で

エタノール　液体石けん　スポンジ

❶ 消毒用エタノールを含ませたスポンジに液体石けんをつけ、シミを落とします。
❷ いつも通りに洗濯します。

> **消毒用エタノールに注意**
> 消毒用エタノールは、色落ちの原因になったり、布を傷めたりすることがあるので、必ず目立たないところで試してから使います。

濃い色の洗える布についた場合

○ 基本のシミぬき

パン

❶ パンをちぎって丸めます。
❷ パンで、シミをそっと落とします。
❸ いつも通りに洗濯します。

> **著者アドバイス**
> **ブラシでたたく** ▶ P.184
>
> ---
>
> **ライ麦パンや黒パンは NG**
> ▶ P.184

カーペットについた場合

☆ ついたばかりのシミなら……

シェービングフォーム　水　ペーパータオル　古布

❶ シミにシェービングフォームをつけます。
❷ ペーパータオルで、シミを落とします。
❸ 水を含ませた古布で、シミを落とします。
❹ 乾いた古布で、水分をよく拭きとり、乾かして仕上げます。

> **著者アドバイス**
> **シェービングジェルは NG**
> ▶ P.182

○ 基本のシミぬき

水　液体石けん　ペーパータオル　古布

❶ ペーパータオルで、シミを落とします。
❷ 水を含ませた古布で、シミを落と

サイドタブ: 口紅 / ファンデーション / アイシャドー / マスカラ / チーク / マニキュア / 日焼け止め

します。

❸ 水に液体石けんを溶かします。水 1.8ℓに液体石けん 60㎖が目安です。

❹ シミに❸をたっぷりしみこませます。

❺ 古布で、シミを落とします。

❻ 乾いた古布で、水分をよく拭きとり、乾かして仕上げます。

● とれなければこの方法で

オキシドール　水　古布　スポンジ

❶ シミにオキシドールをしみこませます。

❷ 15分ほどおきます。

❸ 古布で、シミを落とします。

❹ 水を含ませたスポンジで、シミを落とします。

❺ 乾いた古布で、水分をよく拭きとり、乾かして仕上げます。

> **オキシドールに注意**
> オキシドールは、色落ちの原因になることがあるので、必ず目立たないところで試してから使います。

マスカラ

洗える布についた場合

☆ ついたばかりのシミなら……

シェービングフォーム　水　ペーパータオル

❶ シミにシェービングフォームをつけます。

❷ ペーパータオルで、シミを落とします。

❸ 水で洗います。

❹ いつも通りに洗濯します。

著者アドバイス
シェービングジェルは NG
▶ P.182

◯ 基本のシミぬき

エタノール　液体石けん　スポンジ

❶ 消毒用エタノールを含ませたスポンジに液体石けんをつけ、シミを落とします。
❷ いつも通りに洗濯します。

> **消毒用エタノールに注意**
> 消毒用エタノールは、色落ちの原因になったり、布を傷めたりすることがあるので、必ず目立たないところで試してから使います。

著者アドバイス
ウォータープルーフのマスカラ
ウォータープルーフのマスカラなどは、ついてしまったらほとんど落とすことはできません。シミがとれにくい場合は、メーカーに相談するとよいでしょう。

★ 訳者アドバイス
マスカラリムーバー
ウォータープルーフのマスカラを落とすのに効果があるという話を聞くのが、マスカラのリムーバーです。当て布をして、シミにリムーバーをつけ、コットンでシミを落とします。

カーペットについた場合

☆ ついたばかりのシミなら……

シェービングフォーム　水　古布

❶ シミにシェービングフォームをつけます。
❷ 水を含ませた古布で、シミを落とします。
❸ 乾いた古布で、水分をよく拭きとり、乾かして仕上げます。

著者アドバイス
シェービングジェルは NG
▶ P.182

◯ 基本のシミぬき

水　液体石けん　ペーパータオル　古布

❶ ペーパータオルで、シミを落とします。
❷ 水に液体石けんを溶かします。水 1.8ℓ に液体石けん 60㎖が目安です。
❸ シミに❷をしみこませます。

❹ 古布で、シミを落とします。
❺ 乾いた古布で、水分をよく拭きとり、乾かして仕上げます。

● とれなければこの方法で

オキシドール　水　古布

❶ シミにオキシドールをたっぷりしみこませます。
❷ 15分ほどおきます。
❸ 古布で、シミを落とします。
❹ 水を含ませた古布で、シミを落とします。
❺ 乾いた古布で、水分をよく拭きとり、乾かして仕上げます。

> **オキシドールに注意**
> オキシドールは、色落ちの原因になることがあるので、必ず目立たないところで試してから使います。

チーク

洗える布についた場合

☆ ついたばかりのシミなら……

シェービングフォーム　水　ペーパータオル

❶ シミにシェービングフォームをつけます。
❷ ペーパータオルで、シミを落とします。
❸ 水で洗います。
❹ いつも通りに洗濯します。

著者アドバイス
シェービングジェルはNG
▶ P.182

◯ 基本のシミぬき

酢　古布

❶ 酢を含ませた古布で、シミを落とします。
❷ いつも通りに洗濯します。

● とれなければこの方法で

エタノール　液体石けん　スポンジ

❶ 消毒用エタノールを含ませたスポンジに液体石けんをつけ、シミを落とします。
❷ いつも通りに洗濯します。

> **消毒用エタノール**
> 消毒用エタノールは、色落ちの原因になったり、布を傷めたりすることがあるので、必ず目立たないところで試してから使います。

濃い色の洗える布についた場合

◯ 基本のシミぬき

パン

❶ パンをちぎって丸めます。
❷ パンで、シミをそっと落とします。
❸ いつも通りに洗濯します。

著者アドバイス
ブラシでたたく ▶ P.184

ライ麦パンや黒パンは NG
▶ P.184

食べ物のシミ

飲み物のシミ

分泌物・排泄物のシミ

文房具のシミ

化粧品・薬品のシミ

アウトドアのシミ

その他のシミ

カーペットについた場合

☆ ついたばかりのシミなら……

シェービングフォーム　水　ペーパータオル　古布

❶ シミにシェービングフォームをつけます。
❷ ペーパータオルで、シミを落とします。
❸ 水を含ませた古布で、シミを落とします。
❹ 乾いた古布で、水分をよく拭きとり、乾かして仕上げます。

> **著者アドバイス**
> **シェービングジェルは NG**
> ▶ P.182

○ 基本のシミぬき

水　液体石けん　ペーパータオル　古布

❶ ペーパータオルで、シミを落とします。
❷ 水に液体石けんを溶かします。水1.8ℓに液体石けん60mℓが目安です。
❸ シミに❷をたっぷりしみこませます。
❹ 古布で、シミを落とします。
❺ 乾いた古布で、水分をよく拭きとり、乾かして仕上げます。

● とれなければこの方法で

オキシドール　水　古布

❶ シミにオキシドールをたっぷりしみこませます。
❷ 15分ほどおきます。
❸ 古布で、シミを落とします。
❹ 水を含ませた古布で、シミを落とします。
❺ 乾いた古布で、水分をよく拭きとり、乾かして仕上げます。

> **オキシドールに注意**
> オキシドールは、色落ちの原因になることがあるので、必ず目立たないところで試してから使います。

マニキュア

洗える布についた場合

〇 基本のシミぬき

ノンオイル除光液　水　当て布

❶ シミのついた面を下にして、当て布をします。
❷ シミの裏からノンオイル除光液★をしみこませます。
❸ 水で洗います。
❹ いつも通りに洗濯します。

> **除光液に注意**
> 除光液は、色落ちの原因になったり、布を傷めたりすることがあるので、必ず目立たないところで試してから使います。

著者アドバイス
当て布はきれいな部分で
当て布は常に白い部分がシミにあたるように場所を変えながら使います。

★ 訳者アドバイス
ノンオイル除光液
アセトンの除光液は、爪の保護のために油が配合されていることがあります。アセトンフリーの除光液の中には、オイルも入っていないオイルフリーの除光液も出ているようです。シミぬきには、油分が入っていると、逆にシミになる可能性があるので、ノンオイル除光液が安心です。必ず目立たないところで試してから使います。

カーペットについた場合

〇 基本のシミぬき

ノンオイル除光液　水　液体石けん
古布　コットン　スポンジ

❶ シミがぬれているうちに、古布で、シミを落とします。
❷ ノンオイル除光液★を含ませたコットンで、シミを落とします。

側タブ（上から下）：口紅／ファンデーション／アイシャドー／マスカラ／チーク／マニキュア／日焼け止め

❸ 水に液体石けんを溶かします。水120mlに液体石けん小さじ1/4が目安です。
❹ ❸を含ませた古布で、シミを落とします。
❺ 水を含ませたスポンジで、シミを落とします。
❻ 乾いた古布で、水分をよく拭きとり、乾かして仕上げます。

> **除光液に注意**
> 除光液は、色落ちの原因になったり、布を傷めたりすることがあるので、必ず目立たないところで試してから使います。

● **とれなければこの方法で**

アセトン　水　液体石けん　オキシドール
コットン　スポンジ　古布

❶ アセトン*を含ませたコットンで、シミを落とします。
❷ 水に液体石けんを溶かします。水120mlに液体石けん小さじ1/4が目安です。
❸ ❷を含ませた古布で、シミを落とします。
❹ オキシドールを含ませた古布で、シミを落とします。
❺ 水を含ませたスポンジで、シミを落とします。
❻ 乾いた古布で、水分をよく拭き、乾かして仕上げます。

> **除光液やアセトン、オキシドールに注意**
> 除光液やアセトン、オキシドールは、色落ちの原因になったり、布を傷めたりすることがあるので、必ず目立たないところで試してから使います。

著者アドバイス
マニキュアを塗る場所は……
カーペット以外の場所でマニキュアを塗ることも考えましょう。

★ 訳者アドバイス
アセトン
除光液の主成分でもあるアセトンは、水、油もよく溶かし、乾きやすいという利点があるため、汚れを溶かしたり洗ったりするのに使われます。ただ、油を溶かしすぎる傾向もあり、除光液として使うと、爪の脂をとかして劣化させてしまうことがあるため、最近はノンアセトンの除光液も発売されています。引火性がとても強く、消防法では危険物に入ります。使用する際は、火気に気をつけ、十分に換気をしながら使います。

タイルについた場合

○ 基本のシミぬき

ノンオイル除光液　水　液体石けん

クレジットカード　コットン　古布　スポンジ

❶ マニキュアが固まるまで、おきます。

❷ クレジットカード*で、シミを落とします。

❸ ノンオイル除光液*を含ませたコットンで、シミを落とします。

❹ 水に液体石けんを溶かします。水120ccに液体石けん小さじ1/4が目安です。

❺ ❹を含ませた古布で、シミを落とします。

❻ 水を含ませたスポンジで、シミを落とします。

❼ 乾いた古布で、水分をよく拭き、乾かして仕上げます。

!　除光液に注意

★訳者アドバイス
クレジットカード

現在使っているクレジットカードを使うという話ではもちろんありません。いらなくなったクレジットカードやメンバーズカードのような薄いプラスチックカードを使うと、固形物などがうまくこそげ落とせるので、ここでは便宜上「クレジットカード」と書いてあります。クレジットカードがない場合は、切れすぎないナイフや爪を使うとよいでしょう。

ノンオイル除光液 ▶ P.193

ワックスをかけた床についた場合

○ 基本のシミぬき

ノンオイル除光液　水　液体石けん

クレジットカード　コットン　古布　スポンジ

❶ マニキュアが固まるまで、おきます。

マニキュア

❷ クレジットカード*で、シミを落とします。
❸ ノンオイル除光液*を含ませたコットンで、シミを落とします。
❹ 水に液体石けんを溶かします。水120ccに液体石けん小さじ1/4が目安です。
❺ ❹を含ませた古布で、シミを落とします。
❻ 水を含ませたスポンジで、シミを落とします。
❼ 乾いた古布で、水分をよく拭きとり、乾かして仕上げます。

> **除光液に注意**
> 除光液は、色落ちの原因になったり、布を傷めたりすることがあるので、必ず目立たないところで試してから使います。

著者アドバイス
こすらない！
ワックスがとれないように、こすらずに、軽くたたいて落とします。

★ **訳者アドバイス**
クレジットカード ▶ P.195

ノンオイル除光液 ▶ P.193

日焼け止め

洗える布についた場合

○ **基本のシミぬき**

重曹　お湯　液体石けん

古布　スポンジ

❶ 古布で、固形物をできるだけとりのぞきます。
❷ シミに重曹を振りかけます。
❸ 1時間ほどおきます。
❹ 古布で、❸を落とします。
❺ お湯に液体石けんを溶かします。お湯120ccに液体石けん小さじ1/2が目安です。
❻ ❺を含ませた古布で、シミを落とします。
❼ いつも通りに洗濯します。

著者アドバイス
お湯でお洗濯
洗濯機にお湯が入れられる場合は、お湯で洗うとより効果的です。

● とれなければこの方法で

グリセリン

❶ シミにグリセリンをたっぷりしみこませます。
❷ 30分ほどおきます。
❸ いつも通りに洗濯します。

香水

洗える布についた場合

〇 基本のシミぬき

水　　お湯　　液体石けん

古布　　スポンジ

❶ 古布で、シミを落とします。
❷ 水を含ませたスポンジで、シミを落とします。
❸ お湯に液体石けんを溶かします。お湯120mlに液体石けん小さじ1/2が目安です。
❹ ❸を含ませた古布で、シミを落とします。
❺ いつも通りに洗濯します。

マニキュア｜日焼け止め｜香水｜薬｜靴磨き用クリーム

● **とれなければこの方法で**

水　酢　古布

❶ 水に酢を溶かします。水 120mlに酢小さじ 1/2 が目安です。
❷ ❶を含ませた古布で、シミを落とします。
❸ 水で洗います。
❹ いつも通りに洗濯します。

■ **それでもとれなければ……**

エタノール　水

❶ シミに消毒用エタノールをたっぷりしみこませます。
❷ 水で洗います。
❸ いつも通りに洗濯します。

> **消毒用エタノールに注意**
> 消毒用エタノールは、色落ちの原因になったり、布を傷めたりすることがあるので、必ず目立たないところで試してから使います。

ウールやシルクについた場合

○ **基本のシミぬき**

水　エタノール　古布

❶ 水に消毒用エタノールを溶かします。水 50mlに消毒用エタノール 50ml が目安です。
❷ ❶を含ませた古布で、シミを落とします。
❸ 水ですすぎます。
❹ 洗濯表示に従って洗濯します。

> **消毒用エタノールに注意**

薬

洗える布についた場合

○ 基本のシミぬき

レッドイレイズ

❶ シミにレッドイレイズ*をたっぷりしみこませます。
❷ いつも通りに洗濯します。

> ★ 訳者アドバイス
> **レッドイレイズ**
> エバーグリーン・ラボという会社が出しているシミぬきです。植物の抽出液を使ったシミぬきで、赤などの明るい色のシミに効果があるといわれます。商品の詳細については、ウェブサイトで見ることができます。
> http://www.rederase.com
> 『掃除の女王』の著者リンダ・コブがそのパワーを絶賛した商品ですが、日本で入手するのは困難です。

カーペットについた場合

○ 基本のシミぬき

レッドイレイズ　水　古布　スポンジ

❶ シミにレッドイレイズ*をたっぷりしみこませます。
❷ 古布で、シミを落とします。
❸ 水を含ませたスポンジで、シミを落とします。
❹ 乾いた古布で、水分をよく拭きとり、乾かして仕上げます。

インテリアの布についた場合

○ 基本のシミぬき

レッドイレイズ　水　当て布　古布

❶ クッションカバーなど、外せるものは外します。カバーが外せなくても、当て布ができる場合は、裏から当て布

――
食べ物のシミ

飲み物のシミ

分泌物・排泄物のシミ

文房具のシミ

化粧品・薬品のシミ

アウトドアのシミ

その他のシミ

をします。

❷ シミにレッドイレイズ*をたっぷりしみこませます。

❸ 古布で、シミを落とします。

❹ 水を含ませた古布で、シミを落とします。

❺ 乾いた古布で、水分をよく拭きとり、乾かして仕上げます。

著者アドバイス
薬は色のついていないものを
市販の子ども用の飲み薬は、色のついていないものを探しましょう。そうすれば、飲ませた時にサクランボ色のシミが洋服につくこともありません。

★ 訳者アドバイス
レッドイレイズ ▶ P.199

靴磨き用クリーム

洗える布についた場合

○ 基本のシミぬき

お湯　液体石けん　水

古布　当て布

❶ 古布で、固形物をできるだけとりのぞきます。

❷ お湯に液体石けんを溶かします。お湯120mlに液体石けん小さじ1が目安です。

❸ 裏から当て布をして、❷を含ませた古布で、シミを落とします。

❹ 当て布に色がつかなくなるまで、❸をくり返します。

❺ 水で洗います。

❻ いつも通りに洗濯します。

● とれなければこの方法で

水　エタノール　スポンジ

❶ 水に消毒用エタノールを溶かします。水小さじ1に消毒用エタノール小さじ1が目安です。
❷ ❶を含ませたスポンジで、シミを落とします。
❸ 水で洗います。
❹ いつも通りに洗濯します。

> **消毒用エタノールに注意**
> 消毒用エタノールは、色落ちの原因になったり、布を傷めたりすることがあるので、必ず目立たないところで試してから使います。

カーペットについた場合

○ 基本のシミぬき

お湯　液体石けん　古布

❶ 古布で、固形物をできるだけとりのぞきます。
❷ お湯に液体石けんを溶かします。お湯120mlに液体石けん小さじ1/4が目安です。
❸ ❷を含ませた古布で、シミを落とします。
❹ お湯を含ませた古布で、シミを落とします。
❺ 乾いた古布で、水分をよく拭きとり、乾かして仕上げます。

● とれなければこの方法で

エタノール　古布

❶ 消毒用エタノールを含ませた古布で、シミを落とします。
❷ 水を含ませた古布で、シミを落とします。
❸ 乾いた古布で、水分をよく拭きとり、乾かして仕上げます。

> **消毒用エタノールに注意**

インテリアの布についた場合

○ 基本のシミぬき

お湯　液体石けん　水　古布

❶ 古布で、固形物をできるだけとりのぞきます。

❷ クッションカバーなど、外せるものは外します。カバーが外せなくても、当て布ができる場合は、当て布をします。

❸ お湯に液体石けんを溶かします。お湯120mlに液体石けん小さじ1/4が目安です。

❹ ❸を含ませた古布で、シミを落とします。

❺ 水を含ませた古布で、シミを落とします。

❻ 乾いた古布で、水分をよく拭きとり、乾かして仕上げます。

● とれなければこの方法で

エタノール　水　古布　当て布

❶ 消毒用エタノールを含ませた古布で、シミを落とします。

❷ 水を含ませた古布で、シミを落とします。

❸ 乾いた古布で、水分をよく拭きとり、乾かして仕上げます。

> **消毒用エタノールに注意**
> 消毒用エタノールは、色落ちの原因になったり、布を傷めたりすることがあるので、必ず目立たないところで試してから使います。

アウトドアのシミ

泥ならばまずは乾かして落とす、草の汁なら酢で……とついているものによって対応が大きく変わるのがアウトドアのシミ。シミの原因が判断しやすいものが多いので、それぞれにあった方法で上手に落としたいものです。

花粉

草の汁

泥

油のまざった泥

車のグリース

キャスターの跡

ペンキ

花粉

布についた場合

○ 基本のシミぬき

ガムテープ

❶ ガムテープの粘着面で、布を軽くたたくようにして、シミを落とします。
❷ 粘着面をかえながら、❶をくり返します。

> **著者アドバイス**
> **花粉は手で払わない**
> ニューヨーク市のオランダ球根情報センターによると、手で花粉を払うと、手の皮脂がついて逆効果なのだそうです。

◈ 少量のシミなら……

❶ 花粉のついた部分を、数時間直射日光に当てます。

> **著者アドバイス**
> **少量のシミなら……**
> 花粉の少量のシミは、日に数時間当てると、不思議と消えてしまいます。

◈ ぬれた布についてしまったら

ブラシ

❶ 花粉を乾かします。
❷ ブラシで、❶を落とします。

> **著者アドバイス**
> **ブラシがなければ……**
> ブラシがない時は、ティッシュペーパーでも代用できます。

草の汁

洗える布についた場合

○ 基本のシミぬき

酢　当て布　スポンジ

❶ 裏から当て布をして、酢を含ませたスポンジで、シミを落とします。

● とれなければこの方法で

クリームオブタータ　水　ブラシ

❶ クリームオブタータ★と水をまぜて、ペーストをつくります。クリームオブタータ大さじ3に水大さじ2が目安です。
❷ シミに❶を塗ります。
❸ 30分ほどおきます。
❹ ブラシで、❸を落とします。
❺ いつも通りに洗濯します。

★ 訳者アドバイス
クリームオブタータ

メレンゲの泡をつぶさないように安定させるのに使われるクリームオブタータは、アメリカのナチュラル・クリーニングでも人気の素材です。『Better Basics for the Home』(アニー・バーソルボンド著　Three Rivers Press 刊) によると、クリームオブタータは酸性で、クレンザーとしてもよく使われます。

■ それでもとれなければ……

お湯　エタノール　スポンジ

❶ お湯を含ませたスポンジで、シミを落とします。
❷ 消毒用エタノールを含ませた布で、シミを落とします。
❸ いつも通りに洗濯します。

> **消毒用エタノールに注意**
> 消毒用エタノールは、色落ちの原因になったり、布を傷めたりすることがあるので、必ず目立たないところで試してから使います。

食べ物のシミ｜飲み物のシミ｜分泌物・排泄物のシミ｜文房具のシミ｜化粧品・薬品のシミ｜アウトドアのシミ｜その他のシミ

左側縦書きタブ: 花粉 / 草の汁 / 泥 / 油のまざった泥 / 車のグリース / キャスターの跡 / ペンキ

著者アドバイス
アセテートに使う時は……

アセテートなど色落ちする生地に使う時は、消毒用エタノール50mlを水100mlで薄めたものを使います。

■ それでもとれなければ……

酵素洗剤　漂白剤

❶ 酵素洗剤*に30分ほどつけおきます。

❷ 漂白剤*を加えて、いつも通り洗濯します。

著者アドバイス
草の汁のシミは酢でさっぱりと

草のシミはアンモニアや重曹などのアルカリ性洗剤を使うと、落ちなくなってしまうので、酢やクリームオブタータなどの酸性洗剤を使います。アルコールも草の汁を溶かすので、シミぬきには便利です。

★ 訳者アドバイス
酵素洗剤

酵素というのは生物がつくり出す、化学反応を促進させるタンパク質のことで、酵素の種類によって促進させるものが決まっています。ですから、酵素を洗濯や掃除に利用する場合には、落とす汚れに合った酵素洗剤を使う必要があります。著者は「文字通りタンパク質を溶かしてしまうのが、自然食品店などで手に入る酵素洗剤です」と書いているので、アメリカでは、酵素洗剤が簡単に手に入るのかもしれません。日本では、単体でシミぬきの材料として市販されているケースはあまりないようです。

漂白剤

漂白剤と書いてある場合は、塩素系ではなく酸素系漂白剤を使います。

泥

洗える布についた場合

〇 基本のシミぬき

お湯　液体石けん　アンモニア　ブラシ

❶ 泥を乾かします。
❷ ブラシで、❶を落とします。
❸ お湯に液体石けんとアンモニアを溶かします。お湯 120㎖に液体石けん小さじ 1/4、アンモニア数滴が目安です。
❹ シミに❸をたっぷりしみこませます。
❺ いつも通りに洗濯します。

◇ 赤土がついてしまったら……

塩　酢　水　やかん

❶ 塩と酢をまぜてペーストをつくります。塩小さじ 3 に酢小さじ 1 が目安です。
❷ シミに❶を塗ります。
❸ 30 分ほどおきます。
❹ やかんに水を入れて、沸騰させます。
❺ シミに蒸気を当てて、シミを落とします。
❻ 水で洗います。
❼ いつも通りに洗濯します。

> **著者アドバイス**
> **レモンの絞り汁をかける**
> 酢と塩のかわりに、塩でシミをおおい、レモンの絞り汁をかけても効果があります。

● とれなければこの方法で

エタノール　古布

❶ 消毒用エタノールを含ませた古布で、シミを落とします。
❷ いつも通りに洗濯します。

> **消毒用エタノールに注意**
> 消毒用エタノールは、色落ちの原因になったり、布を傷めたりすることがあるので、必ず目立たないところで試してから使います。

カーペットについた場合

○ 基本のシミぬき

重曹　掃除機　ブラシ

❶ シミに重曹を振りかけます。
❷ 30分ほどおきます。
❸ 掃除機で、重曹と泥を吸いとります。
❹ こびりついているシミは、ブラシで、はたき落とします。
❺ もう一度掃除機で吸いとります。

> **著者アドバイス**
> **重曹がない時は……**
> 重曹がない時は、塩で代用します。

● とれなければこの方法で

お湯　液体石けん　アンモニア　古布

❶ お湯に液体石けんとアンモニアを溶かします。お湯120mlに液体石けん小さじ1/4、アンモニア数滴が目安です。
❷ ❶を含ませた古布で、シミを落とします。
❸ 乾いた古布で、水分をよく拭きとり、乾かして仕上げます。

インテリアの布についた場合

○ 基本のシミぬき

重曹　掃除機

❶ 布を平らな場所におきます。
❷ シミに重曹を振りかけます。
❸ 30分ほどおきます。
❹ 掃除機で、重曹と泥を吸いとります。

● とれなければこの方法で

お湯　液体石けん　アンモニア　古布

❶ お湯に液体石けんとアンモニアを溶かします。お湯120mlに液体石けん小さじ1/4、アンモニア数滴が目安です。
❷ ❶を含ませた古布で、シミを落とします。

❸ 乾いた古布で、水分をよく拭きとり、乾かして仕上げます。

スエードについた場合

○ 基本のシミぬき

掃除機　スポンジ　スエードブラシ

❶ 掃除機で、泥を吸いとります。
❷ スエードブラシ*で、シミを落とします。

> ★ 訳者アドバイス
> **スエードブラシ**
> スエードブラシとは、ブラシの毛のかわりに、ゴムのチューブのようなものが埋めこまれたものです。
> 日本では靴屋さんで購入することができます。

油のまざった泥

洗える布についた場合

○ 基本のシミぬき

お湯　液体石けん　古布

❶ お湯に液体石けんを溶かします。お湯 250mlに液体石けん小さじ1が目安です。
❷ シミに❶をたっぷりしみこませます。
❸ 古布で、シミを落とします。
❹ いつも通りに洗濯します。

> **著者アドバイス**
> **お湯でお洗濯**
> 洗濯機にお湯が入れられる場合は、お湯で洗うとより効果的です。

● **とれなければこの方法で**

炭酸ナトリウム　水　ブラシ

❶ 炭酸ナトリウムと水をまぜて、ペーストをつくります。炭酸ナトリウム*大さじ1に水大さじ1が目安です。
❷ シミに❶を塗ります。
❸ 30分ほどおきます。
❹ ブラシで、❸を落とします。
❺ いつも通りに洗濯します。

> **著者アドバイス**
> **油のまじった泥って何？**
> 子どものGパンの膝によくついているのが、油のまじった泥のシミです。油のまじった泥のシミは、黒っぽい地面やアスファルトに膝をついた時につきます。舗装された道路の水たまりなどでもつくことがあります。そういう水たまりの水は、泥が溶けていて、表面に浮いている油分とくっついてシミになるのです。

> ★ **訳者アドバイス**
> **炭酸ナトリウム**
> 油汚れを落とす力は、重曹より優れていますが、アルカリ度が強い分、布などへのダメージも重曹より大きい炭酸ナトリウム。アメリカでは、洗浄力を高めるために、洗濯時に加えることがあります。直接肌につかないように気をつけます。また、子どもの手の届かない場所に保管するなどの注意も必要です。

車のグリース ★

洗える布についた場合

○ 基本のシミぬき

重曹　お湯　液体石けん

古布　スポンジ

❶ 古布で、油分を吸いとります。
❷ シミに重曹を振りかけます。
❸ ❷をはたき落とします。
❹ お湯に液体石けんを溶かします。お湯 250mℓ に液体石けん小さじ 1 が目安です。
❺ ❹を含ませたスポンジで、シミを落とします。
❻ いつも通りに洗濯します。

★ 訳者アドバイス
グリース
グリースは、液体のオイルに増ちょう剤をまぜて、固形またはゲル状に固めたものです。代表的な増ちょう剤はカルシウムです。

● とれなければこの方法で

グリセリン　重曹　お湯　液体石けん

スポンジ

❶ シミにグリセリンを塗ります。
❷ 15 分ほどおきます。
❸ シミに重曹を振りかけます。
❹ ❸をはたき落とします。
❺ お湯に液体石けんを溶かします。お湯 250mℓ に液体石けん小さじ 1 が目安です。
❻ ❺を含ませたスポンジで、シミを落とします。
❼ いつも通りに洗濯します。

縦見出し（左側）: 花粉 / 草の汁 / 泥 / 油のまざった泥 / 車のグリース / キャスターの跡 / ペンキ

■ それでもとれなければ……

エタノール　古布

❶ 消毒用エタノールを含ませた古布で、シミを落とします。
❷ いつも通りに洗濯します。

> **消毒用エタノールに注意**
> 消毒用エタノールは、色落ちの原因になったり、布を傷めたりすることがあるので、必ず目立たないところで試してから使います。

カーペットについた場合

○ 基本のシミぬき

エタノール　塩　古布

❶ 消毒用エタノールに塩を溶かします。
❷ ❶を含ませた古布で、シミを落とします。
❸ 乾いた古布で、水分をよく拭きとり、乾かして仕上げます。

> **消毒用エタノールに注意**

インテリアの布についた場合

○ 基本のシミぬき

重曹　ブラシ

❶ シミに重曹を振りかけます。
❷ ブラシで軽く押しつけるようにして、布に重曹を入りこませます。
❸ 1時間ほどおきます。
❹ ブラシで、❸を落とします。

> **著者アドバイス**
> **掃除機を使う**
> 掃除機をかけられるものは、掃除機をかけて重曹を吸いとります。

● とれなければこの方法で

重曹　水　ブラシ

❶ 重曹と水をまぜて、重曹ペーストをつくります。重曹大さじ3に水大さじ1が目安です。
❷ シミに❶を塗ります。
❸ 30分ほどおきます。
❹ ブラシで、❸を落とします。

著者アドバイス
肉の軟化剤という奥の手
重曹だけではシミが十分落ちない場合は、肉の軟化剤*を試します。

★ 訳者アドバイス
肉の軟化剤
パイナップルに含まれるプロメラインという酵素は、肉の軟化剤として使われていて、タンパク質を柔らかくする働きがあるといわれています。

洗えない布についた場合

○ 基本のシミぬき

重曹　ブラシ

❶ シミに重曹を振りかけます。
❷ ブラシで軽く押しつけるようにして、布に重曹を入りこませます。
❸ 1時間ほどおきます。
❹ ブラシで、❸を落とします。

スエードについた場合

○ 基本のシミぬき

酢　古布　スポンジ　スエードブラシ

❶ 古布で、シミを落とします。
❷ 酢を含ませた古布で、シミを落とします。
❸ スエードブラシ*で、毛を整えて仕上げます。

★ 訳者アドバイス

スエードブラシ▶ P.209

コンクリートについた場合

○ 基本のシミぬき

❶　シミに塩を振りかけます。
❷　1 時間ほどおきます。
❸　ほうきで、塩を掃きとります。

● とれなければこの方法で

❶　お湯に液体石けんを溶かします。お湯 250㎖に液体石けん大さじ 1 ～ 2 が目安です。
❷　シミに❶をたっぷりしみこませます。
❸　30 分ほどおきます。
❹　ブラシで、シミを落とします。
❺　お湯で洗います。

著者アドバイス

硬いブラシを使う

硬いブラシを使うときれいに落とすことができます。

壁紙についた場合

○ 基本のシミぬき

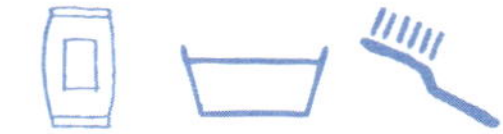

❶　コーンスターチと水をまぜて、ペーストをつくります。コーンスターチ小さじ 2 に水小さじ 1 が目安です。
❷　❶で、シミをおおいます。
❸　日に当てて乾かします★。
❹　ブラシで、❸を落とします。

★ 訳者アドバイス

日に当てて乾かす

コーンスターチと水でつくったペーストは、乾燥するまでに時間がかかります。そこで、日に当てて少しでも速く乾かすのがオススメです。

● とれなければこの方法で

水　茶色の紙　アイロン　古布

❶ シミの上に茶色の紙*を当て、低温でアイロンをかけます。
❷ 水を含ませた古布で、シミを落とします。

★訳者アドバイス
茶色の紙

筆者が「茶色の紙」といっているのは、印刷も何もない紙という意味だと思います。アイロンをかけるので、印刷をしてあるとインクが溶けて逆にインクのシミができてしまう心配がありますし、ビニールコーティングなどの加工があると、アイロンの熱でコーティングの素材が溶ける可能性があるからです。
日本で手に入りやすいのは、茶封筒や茶色い包装紙かもしれません。

■ それでもとれなければ……

エタノール　古布

❶ 消毒用エタノールを含ませた古布で、シミを落とします。

❗ 消毒用エタノールに注意
消毒用エタノールは、色落ちの原因になったり、布を傷めたりすることがあるので、必ず目立たないところで試してから使います。

本についた場合

○基本のシミぬき

消しゴム　ほう砂

❶ 消しゴムで、シミを落とします。
❷ シミにほう砂*を振りかけます。
❸ 1時間ほどおきます。
❹ ❸をはたき落とします。

著者アドバイス
消しゴムはゴム製を

消しゴムはプラスチック製ではなく、昔ながらのゴム製のものを使います。

ほう砂がない時は……

ほう砂がない時は、シッカロールで代用することができます。

花粉 / 草の汁 / 泥 / 油のまざった泥 / 車のグリース / キャスターの跡 / ペンキ

★ 訳者アドバイス
ほう砂

アメリカでは、重曹とよく似た使われ方をするほう砂。日本では薬局で買うことができます。重曹との大きな違いは、ほう砂には殺菌作用と漂白作用がある点です。

● とれなければこの方法で

茶色の紙　アイロン　水　古布

❶ シミの上に茶色の紙*を当て、低温でアイロンをかけます。

❷ 水を含ませた古布で、シミを落とします。

★ 訳者アドバイス
茶色の紙 ▶ P.215

キャスターの跡

フローリングについた場合

○ 基本のシミぬき

植物油　スチールたわし　古布

❶ シミに植物油をたっぷりしみこませます。

❷ スチールたわし*で、シミを落とします。

❸ 乾いた古布で、油分を拭きとり乾かして仕上げます。

★ 訳者アドバイス
スチールたわし

スチールタワシとひと口にいっても、かなり硬いものから柔らかいものまで、さまざまです。壁などにキズをつけないためには、できるだけ細かくて柔らかいスチールタワシを使います。キズがついてしまいそうな場合は、スチールタワシではなく、柔らかいブラシなどを使うことをオススメします。

ビニールの床についた場合

○ 基本のシミぬき

消しゴム

❶ 消しゴムで、シミを落とします。

著者アドバイス
消しゴムはゴム製を ▶ P.215

● とれなければこの方法で

重曹　水　スポンジ　古布

❶ 重曹をつけた古布で、シミを落とします。
❷ 水を含ませたスポンジで、シミを落とします。
❸ 乾いた古布で、水分をよく拭きとり、乾かして仕上げます。

■ それでもとれなければ……

水　スチールたわし　古布

❶ スチールたわし★で、シミを落とします。
❷ 水を含ませた古布で、シミを落とします。
❸ 乾いた古布で、水分をよく拭きとり、乾かして仕上げます。

ペンキ

洗える布についた場合

○ 基本のシミぬき

ノンオイル除光液　水　当て布

❶ シミのついた面を下にして、当て布をします。
❷ シミの裏からノンオイル除光液*を塗ります。
❸ 水で洗います。
❹ いつも通りに洗濯します。

> **除光液に注意**
> 除光液は、色落ちの原因になったり、布を傷めたりすることがあるので、必ず目立たないところで試してから使います。

★ 訳者アドバイス
ノンオイル除光液

アセトンの除光液は、爪の保護のために油が配合されていることがあります。アセトンフリーの除光液の中には、オイルも入っていないオイルフリーの除光液も出ているようです。シミぬきには、油分が入っていると、逆にシミになる可能性があるので、ノンオイル除光液が安心です。必ず目立たないところで試してから使います。

カーペットについた場合

○ 基本のシミぬき

オキシドール　古布　スポンジ

❶ オキシドールを含ませた古布で、シミを落とします。
❷ 水を含ませたスポンジで、シミを落とします。
❸ 乾いた古布で、水分をよく拭きとり、乾かして仕上げます。

> **オキシドールに注意**
> オキシドールは、色落ちの原因になることがあるので、必ず目立たないところで試してから使います。

● とれなければこの方法で

ノンオイル除光液　水　液体石けん
古布　コットン

❶ 古布で、シミを落とします。
❷ ノンオイル除光液★を含ませたコットンで、シミを落とします。
❸ 水に液体石けんを溶かします。水120mℓに液体石けん小さじ1/4が目安です。
❹ ❸を含ませた古布で、シミを落とします。
❺ 乾いた古布で、水分をよく拭きとり、乾かして仕上げます。

> **除光液に注意**

著者アドバイス
除光液をかける
スプーンで、シミに除光液をかけ、コットンで、たたいても効果的。

タイルについた場合

○ 基本のシミぬき

ノンオイル除光液　水　液体石けん
クレジットカード　コットン　古布

❶ ペンキが固まるまでおきます。
❷ クレジットカード★で、シミを落とします。
❸ ノンオイル除光液★を含ませたコットンで、シミを落とします。
❹ 水に液体石けんを溶かします。水120mℓに液体石けん小さじ1/4が目安です。
❺ ❹を含ませた古布で、シミを落とします。
❻ 水で洗います。
❼ 乾いた古布で、水分をよく拭きと

り、乾かして仕上げます。

> **★ 訳者アドバイス**
> **クレジットカード**
> 現在使っているクレジットカードを使ってよいという話ではもちろんありません。いらないクレジットカードやメンバーズカードのような薄いプラスチックカードを使うと、固形物などがうまくこそげ落とせるので、ここでは便宜上「クレジットカード」と書いています。

ワックスをかけた床についた場合

○ 基本のシミぬき

ノンオイル除光液　水　液体石けん

クレジットカード　コットン　古布

❶ ペンキが固まるまで、おきます。
❷ クレジットカード*で、シミを落とします。
❸ ノンオイル除光液*を含ませたコットンで、シミを落とします。
❹ 水に液体石けんをまぜます。水120mlに液体石けん小さじ1/4が目安です。
❺ ❹を含ませた古布で、シミを落とします。
❻ 乾いた古布で、水分をよく拭きとり、乾かして仕上げます。

> **★ 訳者アドバイス**
> **ノンオイル除光液** ▶ P.218

仕上げのしてある木についた場合

○ 基本のシミぬき

小豆粉　亜麻仁油　クレジットカード　古布

❶　シミに亜麻仁油★をたっぷりしみこませます。
❷　クレジットカード★で、シミを落とします。
❸　亜麻仁油と小豆粉をまぜて、ペーストをつくります。亜麻仁油大さじ2に小豆粉大さじ3が目安です。
❹　シミに❸を塗ります。
❺　古布で、シミを落とします。
❻　乾いた古布で、油分をよく拭きとり、乾かして仕上げます。

> ★ 訳者アドバイス
> **亜麻仁油**
> 亜麻仁油は食用油として使われます。シックハウス対策に効果的な仕上げ剤として、家具にも使われています。

鏡についた場合

○ 基本のシミぬき

酢　鍋　古布

❶　鍋に酢を入れて、温めます。酢100㎖が目安です。
❷　シミに❶をスプレーします。
❸　古布で、シミを落とします。

● とれなければこの方法で

テレピン油　クレジットカード　古布

❶　シミにテレピン油★をたっぷりしみこませます。
❷　クレジットカード★で、シミを落とします。
❸　乾いた古布で、油分をよく拭きとり、乾かして仕上げます。

> **著者アドバイス**
> **最後に炭酸水か酢のスプレーを**
> 炭酸水を鏡にスプレーして、乾拭きすると効果的です。炭酸水がなければ酢で代用します。

食べ物のシミ ｜ 飲み物のシミ ｜ 分泌物・排泄物のシミ ｜ 文房具のシミ ｜ 化粧品・薬品のシミ ｜ **アウトドアのシミ** ｜ その他のシミ

★ 訳者アドバイス

テレピン油

テレピン油はそれ自体を塗るのではなく、シミの原因を溶かす材料として使われています。原料は松脂ですが、揮発性もあります。使う場合には換気に気をつけるなど、天然の素材とはいっても注意が必要です。

■ それでもとれなければ……

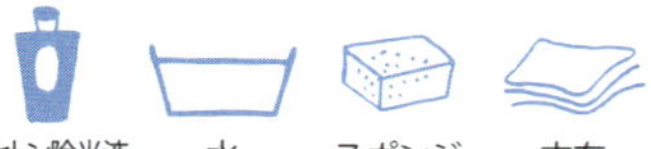

❶ シミにアセトン除光液★を塗ります。

❷ 10分ほどおきます。

❸ シミが柔らかくなったら、古布で、シミを落とします。

❹ 水を含ませたスポンジで、シミを落とします。

❺ 乾いた古布で、水分をよく拭きとり、乾かして仕上げます。

★ 訳者アドバイス

アセトン除光液

アセトン除光液は、とれにくいペンキを溶かすために使います。

窓についた場合

○ 基本のシミぬき

❶ 鍋に酢を入れて、温めます。酢100㎖が目安です。

❷ シミに❶をスプレーします。

❸ 古布で、シミを落とします。

● とれなければこの方法で

❶ シミにテレピン油★を塗ります。

❷ クレジットカード★で、シミを落とします。

★ 訳者アドバイス

クレジットカード ▶ P.220

■ それでもとれなければ……

アセトン除光液　水　古布

❶ シミにアセトン除光液*をしみこませます。
❷ 10分ほどおきます。
❸ 古布で、シミを落とします。
❹ 水で洗います*。
❺ 乾いた古布で、水分をよく拭きとり、乾かして仕上げます。

> **除光液**
> 除光液は、色落ちの原因になったり、布を傷めたりすることがあるので、必ず目立たないところで試してから使います。

★ 訳者アドバイス
水で洗う
水洗いなどすることを考えると、外せる窓ガラスは外してから作業をはじめると効率的です。

アクリル塗料

洗える布についた場合

○ 基本のシミぬき

水　液体石けん　古布

❶ 水で洗います。
❷ 水に色がつかなくなるまで、水をかえて洗います。
❸ シミに液体石けんをたっぷりしみこませます。
❹ 古布で、シミを落とします。
❺ いつも通りに洗濯します。

> **著者アドバイス**
> **作業は急ぎで！**
> アクリル塗料を落とすには、ついてすぐに作業をすることが大切です。

● とれなければこの方法で

水　エタノール　当て布　コットン

❶ 裏から当て布をして、シミに消毒用エタノールをたっぷりしみこませます。
❷ コットンで、シミを落とします。
❸ いつも通りに洗濯します。

> **! 消毒用エタノールに注意**
> 消毒用エタノールは、色落ちの原因になったり、布を傷めたりすることがあるので、必ず目立たないところで試してから使います。

カーペットについた場合

○ 基本のシミぬき

エタノール　古布

❶ 古布で、シミを落とします。
❷ シミに消毒用エタノールをたっぷりしみこませます。
❸ 古布で、シミを落とします。
❹ 乾いた古布で、水分をよく拭きとり、乾かして仕上げます。

! 消毒用エタノールに注意

インテリアの布についた場合

○ 基本のシミぬき

エタノール　古布　当て布

❶ 古布で、シミを落とします。
❷ クッションカバーなど、外せるものは外します。カバーが外せなくても、当て布ができる場合は、裏から当て布をします。
❸ シミに消毒用エタノールをたっぷりしみこませます
❹ 古布で、シミを落とします。
❺ 乾いた古布で、水分をよく拭きとり、乾かして仕上げます。

! 消毒用エタノールに注意

ラテックス塗料

洗える布についた場合

○ 基本のシミぬき

お湯　液体石けん　当て布　スポンジ

❶ お湯で洗います。
❷ お湯に液体石けんを溶かします。お湯500mlに液体石けん小さじ1が目安です。
❸ シミのついた面を下にして、当て布をします。
❹ ❷を含ませたスポンジで、シミの裏側をこすります。
❺ いつも通りに洗濯します。

> **著者アドバイス**
> **作業はぬらしたままで**
> シミが完全に消えるまで、布はぬらしたままで作業します。

カーペットについた場合

○ 基本のシミぬき

水　古布　スポンジ

❶ 古布で、シミを落とします。
❷ 水を含ませたスポンジで、シミを落とします。
❸ 乾いた古布で、水分をよく拭きとり、乾かして仕上げます。

● とれなければこの方法で

エタノール　お湯　液体石けん　古布

❶ シミに消毒用エタノールをたっぷりしみこませます。
❷ 古布で、シミを落とします。
❸ お湯に液体石けんを溶かします。お湯120mlに液体石けん小さじ1が目安です。
❹ ❸を含ませた古布で、シミを落とします。
❺ お湯を含ませた古布で、シミを落とします。
❻ 乾いた古布で、水分をよく拭きと

り、乾かして仕上げます。

> **消毒用エタノールに注意**
> 消毒用エタノールは、色落ちの原因になったり、布を傷めたりすることがあるので、必ず目立たないところで試してから使います。

インテリアの布についた場合

○ 基本のシミぬき

水　当て布　古布　スポンジ

❶ クッションカバーなど、外せるものは外します。カバーが外せなくても、当て布ができる場合は、裏から当て布をします。
❷ 古布で、シミを落とします。
❸ 水を含ませたスポンジで、シミを落とします。
❹ 乾いた古布で、水分をよく拭きとり、乾かします。

● とれなければこの方法で

エタノール　お湯　液体石けん　古布

❶ シミに消毒用エタノールをたっぷりしみこませます。
❷ 古布で、シミを落とします。
❸ お湯に液体石けんを溶かします。お湯1200mlに液体石けん小さじ1が目安です。
❹ ❸を含ませた古布で、シミを落とします。
❺ お湯を含ませた古布で、シミを落とします。
❻ 乾いた古布で、水分をよく拭きとり、乾かして仕上げます。

> **消毒用エタノールに注意**

窓についた場合

○ 基本のシミぬき

消しゴム　ブラシ

❶ 消しゴムで、シミを落とします。

❷ ブラシで、消しゴムのカスを落とします。

著者アドバイス
消しゴムはゴム製を ▶ P.215

鳥の糞

洗える布についた場合

○ 基本のシミぬき

水　オキシドール　古布

❶ 古布で、シミを落とします。
❷ 水で洗います。
❸ シミにオキシドールをたっぷりしみこませます。
❹ 30分ほどおきます。
❺ いつも通りに洗濯します。

> **オキシドールに注意**
> オキシドールを色柄のある布に使うと、色落ちの原因になることがあるので、必ず目立たないところで試してから使います。

食べ物のシミ

飲み物のシミ

分泌物・排泄物のシミ

文房具のシミ

化粧品・薬品のシミ

アウトドアのシミ

その他のシミ

● とれなければこの方法で

❶ 水に漂白剤★を溶かします。
❷ ❶につけおきします。
❸ いつも通りに洗濯します。

漂白剤
漂白剤をつける前に、必ず目立たないところで試してから、作業をしてください。

★ 訳者アドバイス
漂白剤 ▶ P.206

キャンバス地についた場合

○ 基本のシミぬき

❶ シミに炭酸ナトリウム★を振りかけます。
❷ 固形石けん★を泡立てたブラシで、シミを落とします。
❸ 水で洗います。

著者アドバイス
硬いブラシを使う ▶ P.214

全体をこする
シミになったところだけをこすると、仕上がった時にそこだけ白くなり、逆にほかの部分の汚れが気になってしまうことがあります。そうならないように、全体をこすって、シミを落とします。

★ 訳者アドバイス
炭酸ナトリウム ▶ P.210

固形石けん
ここで出てくる固形石けんは、アメリカで古くから使われてきているフェルズナフソープという洗濯用の固形石けんです。毒ツタにかぶれた時などに、皮膚に使ったりする石けんですが、洗濯用固形石けんで代用できます。

ハエの糞

窓についた場合

○ 基本のシミぬき

エタノール　古布

❶ 消毒用エタノールを含ませた古布で、シミを落とします。

> **消毒用エタノールに注意**
> 消毒用エタノールは、色落ちの原因になることがあるので、必ず目立たないところで試してから使います。

エンジンオイル

コンクリートについた場合

○ 基本のシミぬき

猫砂　お湯　液体石けん　アンモニア

ほうき　ブラシ

❶ 猫砂をまいて、油分を吸いとります。
❷ ほうきで、猫砂を掃きとります。
❸ お湯に液体石けんとアンモニアを溶かします。お湯1.8ℓに液体石けん120㎖、アンモニア60㎖が目安です。
❹ シミに❸をたっぷりしみこませます。
❺ ブラシで、❹を落とします。
❻ お湯で洗います。

● とれなければこの方法で

シンナー　お湯　液体石けん　アンモニア

❶ シミにシンナーを塗ります。

❷ 30分ほどおきます。

❸ お湯に液体石けんとアンモニアを溶かします。お湯180mlに液体石けん120ml、アンモニア60mlが目安です。

❹ シミに❸をたっぷりしみこませます。

❺ お湯で洗います。

著者アドバイス
手早く作業

コンクリートに油がしみこんでしまうと、とれなくなってしまいます。手早く作業して落としましょう。

その他のシミ

カビ、サビ、焼けこげなど、一癖も二癖もあるのがその他のシミです。シミの原因を確認し、それぞれにあった方法で少しずつ落としていくしかありません。なんのシミだったかしら……ということになる前に気づいたら、すぐに落とす習慣をつけたいものです。

カビ

洗える布についた場合

○ 基本のシミぬき

ほう砂　液体石けん　ブラシ

❶ ほう砂と液体石けんをまぜて、ペーストをつくります。ほう砂大さじ2に液体石けん大さじ1が目安です。
❷ シミに❶を塗ります。
❸ 30分ほどおきます。
❹ ブラシで、❸を落とします。
❺ ほう砂を加えて、いつも通りに洗濯*します。

> ★ 訳者アドバイス
> **ほう砂を加えて洗濯**
> 1回の洗濯で入れるほう砂の量は、6kg以下の洗濯機で100〜125㎖、6kg以上の大型洗濯機の場合は175〜200㎖程度が目安です。

● とれなければこの方法で

塩　レモン　水　ブラシ

❶ 塩とレモンの絞り汁をまぜて、ペーストをつくります。塩大さじ2にレモンの絞り汁大さじ1が目安です。
❷ シミに❶を塗ります。
❸ 日に当てて乾かします*。
❹ ブラシで、❸を落とします。
❺ 水で洗います。
❻ いつも通りに洗濯します。

> ★ 訳者アドバイス
> **レモンをつけて日に当てる**
> もともと日光には漂白の作用があり、金髪の友人は「冬は日に当たる時間が短いから、髪が黒っぽくなる」といっていました。その日光の漂白作用を促進するのがレモンです。レモンをつけて日に当てると、色が抜けて白くなります。この方法は昔からシミぬきに使われてきましたが、色柄ものの衣類をこの方法で脱色すると、そこだけ色が薄くなってしまうことがあります。「レモンをつけて日に当てる」というシミぬき方法が白い布限定になっているのは、そのあなどれない漂白効果のためです。

バスルームの目地についた場合

○ 基本のシミぬき

重曹　水　スポンジ

❶ 重曹と水をまぜて、重曹ペーストをつくります。重曹大さじ3に水大さじ1が目安です。
❷ シミに❶を塗ります。
❸ スポンジで、シミを落とします。
❹ 水で洗います。

> **著者アドバイス**
> **消しゴムでカビを落とす**
> ちょっとしたカビは、タイプライター用消しゴムで、こすり落とすという方法もあります。

●とれなければこの方法で

アンモニア　オキシドール　水

❶ 水にアンモニアとオキシドールを溶かします。水175mlにアンモニア小さじ1、オキシドール60mlが目安です。
❷ ❶を含ませたスポンジで、シミをこすり落とします。
❸ 10分ほどおきます。
❹ シミが残っている場合は、❷～❸をくり返します。
❺ 水で洗います。

シャワーカーテンについた場合

○ 基本のシミぬき

酢　古布

❶ カーテンを外し、古布でシミを落とします。
❷ 酢250mlを加えて、いつも通りに洗濯します。

> **著者アドバイス**
> **石けん派は注意！**
> 石けんでお洗濯をしている人は、酢をまぜると石けんのパワーが落ちてしまいます。酢をまぜるかわりに、❶の後に重曹を振りかけて、そのまま洗濯機に入れて洗ってください。

家具の表面についた場合

○ 基本のシミぬき

水　エッセンシャルオイル　古布

❶ 水にローズマリーのエッセンシャルオイルをまぜます。水500mlにエッセンシャルオイル小さじ2が目安です。
❷ シミに❶をスプレーします。
❸ 乾いた古布で、よく水分を拭きとり、乾かして仕上げます。

インテリアの布についた場合

○ 基本のシミぬき

レモン　塩　お湯　液体石けん
アンモニア　ブラシ　当て布　古布

❶ レモンの切り口に塩をつけます。
❷ ❶で、シミを落とします。
❸ ブラシで、シミを落とします。
❹ クッションカバーなど、外せるものは外します。カバーが外せなくても、当て布ができる場合は、裏から当て布をします。
❺ お湯に液体石けんとアンモニアをまぜます。お湯120mlに液体石けん小さじ1/4、アンモニア数滴が目安です。
❻ ❺を含ませた古布で、シミを落とします。
❼ お湯で洗います。
❽ 乾いた古布で、水分をよく拭きとり、乾かして仕上げます。

● とれなければこの方法で

水　エタノール　スポンジ　古布

❶ 水に消毒用エタノールを溶かします。水小さじ1に消毒用エタノール小さじ1が目安です。
❷ ❶を含ませたスポンジで、シミを落とします。
❸ 乾いた古布で、水分をよく拭きとり、乾かして仕上げます。

> **消毒用エタノールに注意**
> 消毒用エタノールは、色落ちの原因になったり、布を傷めたりすることがあるので、必ず目立たないところで試してから使います。

本についた場合

○ 基本のシミぬき

コーンスターチ　ブラシ

❶ シミにコーンスターチを振りかけます。
❷ 数日おきます。
❸ ブラシで、❶を落とします。

皮革製品についた場合

○ 基本のシミぬき

ワセリン　古布

❶ シミにワセリンを塗ります。
❷ 数時間おきます。
❸ 古布で、シミを落とします。
❹ 皮革の種類に合った方法で、お手入れします。

● とれなければこの方法で

水　エタノール　古布

❶ 水に消毒用エタノールを溶かします。水小さじ1に消毒用エタノール小さじ1が目安です。
❷ ❶を含ませた古布で、シミを落とします。
❸ 皮革の種類に合った方法で、お手入れします。

> **消毒用エタノールに注意**

サビ

洗える布についた場合

○ 基本のシミぬき

塩　酢　水　やかん

❶ 塩と酢をまぜて、ペーストをつくります。塩大さじ2に酢大さじ1が目安です。
❷ シミに❶を塗ります。
❸ 30分ほどおきます。
❹ やかんに水を入れて、沸騰させます。
❺ シミに蒸気を当てて、シミを落とします。
❻ 水で洗います。
❼ いつも通りに洗濯します。

> **著者アドバイス**
> **塩とレモン汁**
> 酢と塩のかわりに、塩でシミをおおい、レモンの絞り汁をかけても効果があります。

●とれなければこの方法で

熱湯　ゴム

❶ バスタブなど、お湯がはねても安全な場所で、シミのついた面を下にして、布を耐熱容器の上に広げ、動かないようにゴムでとめます。
❷ 50cm～1mほど上からシミに向かって熱湯をかけます。
❸ いつも通りに洗濯します。

> **熱湯は麻やコットン以外はNG**
> 熱湯を使うこの方法は、耐熱性のある麻やコットン以外の布には使えません。

■ それでもとれなければ……

レモン

❶ シミにレモンの絞り汁をたっぷりしみこませます。
❷ 数時間日に当てます。
❸ いつも通りに洗濯します。

> **★ 訳者アドバイス**
> **レモンをつけて日に当てる**
> ▶ P.232

❐ どうしてもとれなければ……

クリームオブタータ

❶ シミにクリームオブタータ*を塗ります。
❷ 5分ほどおきます。
❸ いつも通りに洗濯します。

> ★ 訳者アドバイス
> **クリームオブタータ**
> メレンゲの泡をつぶさないように安定させるのに使われるクリームオブタータは、アメリカのナチュラル・クリーニングでも人気の素材です。『Better Basics for the Home』(アニー・バーソルボンド著　Three Rivers Press刊) によると、クリームオブタータは酸性で、クレンザーとしてもよく使われます。

陶器のバスタブについた場合

○ 基本のシミぬき

レモン　水

❶ 切ったレモンの切り口で、シミを落とします。
❷ 水で洗います。

● とれなければこの方法で

クリームオブタータ　スポンジ

❶ シミにクリームオブタータ*を塗ります。
❷ スポンジで、シミを落とします。

> **著者アドバイス**
> **穏やかな研磨剤**
> クリームオブタータは重曹同様、穏やかな研磨剤として使えます。

| カ　ビ | サ　ビ | 金属の変色 | こげつき | 焼けこげ | スス | 壁の油ジミ |

■ それでもとれなければ……

クリームオブタータ　オキシドール　スポンジ

❶ クリームオブタータ*とオキシドールをまぜて、ペーストをつくります。クリームオブタータ大さじ3にオキシドール大さじ1が目安です。
❷ シミに❶を塗ります。
❸ 2時間ほどおきます。
❹ スポンジで、シミを落とします。
❺ 水で洗います。

> **オキシドールに注意**
> オキシドールは、色落ちの原因になることがあるので、必ず目立たないところで試してから使います。

★ 訳者アドバイス
クリームオブタータ ▶ P.237

❖ どうしてもとれなければ……

クリームオブタータ　オキシドール　アンモニア　スポンジ

❶ クリームオブタータ*にオキシドール、アンモニアをまぜて、ペーストをつくります。クリームオブタータ大さじ3にオキシドール大さじ1、アンモニア数滴が目安です。
❷ シミに❶を塗ります。
❸ 2時間ほどおきます。
❹ スポンジで、シミを落とします。
❺ 水で洗います。

> **オキシドールに注意**

★ 訳者アドバイス
クリームオブタータ ▶ P.237

陶器のシンクについた場合

○ 基本のシミぬき

レモン　水

❶ 切ったレモンの切り口で、シミを落とします。
❷ 水で洗います。

● とれなければこんな方法で

クリームオブタータ　スポンジ

❶ シミにクリームオブタータ*を塗

ります。
❷ スポンジで、シミを落とします。
❸ 水で洗います。

> ★ 訳者アドバイス
> **クリームオブタータ** ▶ P.237

■ それでもとれなければ……

クリームオブタータ　オキシドール　水　スポンジ

❶ クリームオブタータ*にオキシドールをまぜて、ペーストをつくります。クリームオブタータ大さじ3にオキシドール大さじ1が目安です。
❷ シミに❶を塗ります。
❸ 2時間ほどおきます。
❹ スポンジで、シミを落とします。
❺ 水で洗います。

❗ **オキシドールに注意**

> ★ 訳者アドバイス
> **クリームオブタータ** ▶ P.237

◘ どうしてもとれなければ……

クリームオブタータ　オキシドール　アンモニア　水

スポンジ

❶ クリームオブタータ*にオキシドール、アンモニアをまぜて、ペーストをつくります。クリームオブタータ大さじ3にオキシドール大さじ1、アンモニア数滴が目安です。
❷ シミに❶を塗ります。
❸ 2時間ほどおきます。
❹ スポンジで、シミを落とします。
❺ 水で洗います。

❗ **オキシドールに注意**

> ★ 訳者アドバイス
> **クリームオブタータ** ▶ P.237

カビ｜サビ｜金属の変色｜こげつき｜焼けこげ｜スス｜壁の油ジミ

ステンレスの シンクに ついた場合

○ 基本のシミぬき

酢　水　スポンジ

❶ 酢を含ませたスポンジで、シミを落とします。
❷ 水で洗います。

● とれなければこの方法で

クリームオブタータ　オキシドール　水　スポンジ

❶ クリームオブタータ*にオキシドールをまぜてペーストをつくります。クリームオブタータ大さじ3にオキシドール大さじ1が目安です。
❷ シミに❶を塗ります。
❸ ❷を乾燥させます。
❹ 2時間ほどおきます。
❺ 水を含ませたスポンジで、シミを落とします。
❻ 水で洗います。

> **！ オキシドールに注意**
> オキシドールは、色落ちの原因になることがあるので、必ず目立たないところで試してから使います。

★ 訳者アドバイス
クリームオブタータ ▶ P.237

便器に ついた場合

○ 基本のシミぬき

ほう砂　レモン　水　トイレブラシ

❶ トイレの水を流して、便器の内側をぬらします。
❷ ほう砂*にレモンの絞り汁をまぜて、ペーストをつくります。ほう砂大さじ2にレモンの絞り大さじ1が目安です。
❸ シミに❷を塗ります。
❹ 2時間ほどおきます。
❺ トイレブラシで、シミを落とします。
❻ 水で洗います。

★ 訳者アドバイス
ほう砂
アメリカでは、重曹とよく似た使われ方をするほう砂。日本では薬局で買うことができます。重曹との大きな違いは、ほう砂には殺菌作用と漂白作用がある点です。

カウンタートップについた場合

○ 基本のシミぬき

歯磨き粉　水　古布

❶ シミに歯磨き粉を塗ります。
❷ 水を含ませたスポンジで、シミを落とします。
❸ 水で洗います。
❹ 乾いた古布で、水分をよく拭きとり、乾かして仕上げます。

著者アドバイス
ジェルタイプの歯磨きはNG
歯磨き粉は研磨剤として使うので、ジェルタイプの歯磨きでは効果が期待できません。

● とれなければこの方法で

クリームオブタータ　オキシドール　水　スポンジ

❶ クリームオブタータ*にオキシドールをまぜて、ペーストをつくります。クリームオブタータ大さじ3にオキシドール大さじ1が目安です。
❷ シミに❶を塗ります。
❸ 2時間ほどおきます。
❹ 水を含ませたスポンジで、シミを落とします。

> **オキシドールに注意**

★ 訳者アドバイス
クリームオブタータ ▶ P.237

ポットについた場合

○ 基本のシミぬき

水　酢　レモン　古布

❶ ポット*に水、酢大さじ3〜4と、スライスしたレモンの半量を入れま

す。
❷ 15分ほど沸騰させます。
❸ 火をとめて冷まします。
❹ 液体を捨てます。
❺ 残りのレモンで、シミを落とします。
❻ 水で洗います。
❼ 乾いた古布で、水分をよく拭きとり、乾かして仕上げます。

> ★ 訳者アドバイス
> **ポット**
> ここでいうポットはコーヒーを入れる時にお湯を沸かすホーローのポットで、電気ポットではありません。

ナイフについた場合

○ 基本のシミぬき

タマネギ　水　古布

❶ タマネギにナイフをさします。
❷ 1時間ほどおきます。
❸ 時々刃を前後左右に動かします。
❹ タマネギからナイフを抜き、水で洗います。
❺ 乾いた古布で、水分をよく拭きとり、乾かして仕上げます。

調理器具についた場合

○ 基本のシミぬき

タマネギ　水　古布

❶ 切ったタマネギの切り口で、シミを落とします。
❷ 1時間ほどおきます。
❸ 調理器具を水で洗います。
❹ 乾いた古布で、水分をよく拭きとり、乾かして仕上げます。

クロームメッキについた場合

○ 基本のシミぬき

アルミホイル

❶ アルミホイルを丸めます。

❷ ❶で、シミを落とします。

スレート[★]についた場合

○ 基本のシミぬき

酢　ブラシ

❶ シミに酢をかけます。
❷ ブラシで、シミを落とします。
❸ 水で洗います。

> ★ 訳者アドバイス
> **スレート**
> 本来、粘土が固まってできた粘板岩という石をスレートと呼ぶのですが、ここでは、それを使ってつくった屋根用の薄い板のことをさします。

コンクリートについた場合

○ 基本のシミぬき

酢　ビニール袋　ブラシ

❶ シミに酢をかけます
❷ 乾かないように、ビニールで、❶をおおいます。
❸ 15分ほどおきます。
❹ ブラシで、シミを落とします。
❺ 水で洗います。

> 著者アドバイス
> **酢がなければ……**
> 酢がなければ、レモンの絞り汁で代用します。

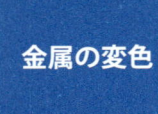

| カビ | サビ | **金属の変色** | こげつき | 焼けこげ | スス | 壁の油ジミ |

金属の変色

真鍮・ブロンズ・銅についた場合

○ 基本のシミぬき

塩　小麦粉　酢　水

古布

❶ 塩、小麦粉、酢をまぜてペーストをつくります。各大さじ1が目安です。
❷ 古布に❶をつけ、シミに塗ります。
❸ ❷の古布で、シミを落とします。
❹ 水で洗います。
❺ 乾いた古布で、水分をよく拭きとり、乾かして仕上げます。

● とれなければこの方法で

レモン　塩　水　古布

❶ レモンを半分に切り、切り口に塩をつけます。
❷ シミに❶を塗ります。
❸ 水で洗います。
❹ 乾いた古布で、水分をよく拭きとり、乾かして仕上げます。

■ それでもとれなければ……

ケチャップ　水　古布

❶ シミにケチャップを塗ります。
❷ 古布で、シミを落とします。
❸ 水で洗います。
❹ 乾いた古布で、水分をよく拭きとり、乾かして仕上げます。

銀器についた場合

○ 基本のシミぬき

塩　水　古布

❶ シミに塩をすりこみます。
❷ 水で洗います。
❸ 乾いた古布で、水分をよく拭きとり、乾かして仕上げます。

● とれなければこの方法で

熱湯　塩　重曹　水
アルミホイル　耐熱容器

❶ 銀器を包める大きさに、アルミホイルを切りとります。
❷ 耐熱容器に❶を入れます。
❸ ❷の上に銀器をおきます。
❹ 熱湯を注ぎます。銀器全体が沈む量が目安です。
❺ ❹に塩と重曹を加えます。1ℓの熱湯に塩、重曹各小さじ1が目安です。
❻ 10分ほどおきます。
❼ 水で洗います。
❽ 乾いた古布で、水分をよく拭きとり、乾かして仕上げます。

> **著者アドバイス**
> **接着剤のついたアクセサリーは NG**
>
> 熱湯をかけると接着剤の力が弱くなることがあるため、接着剤が使われているものには向きません。

銀のアクセサリーについた場合

○ 基本のシミぬき

塩　水　古布

❶ シミに塩をすりこみます。
❷ 水で洗います。
❸ 乾いた古布で、水分をよく拭きとり、乾かして仕上げます。

● とれなければこの方法で

熱湯　塩　重曹　水
アルミホイル　耐熱容器　古布

❶ アクセサリーを包める大きさに、アルミホイルを切ります。
❷ 耐熱容器に❶を入れます。
❸ ❷の上に銀器をおきます。
❹ 熱湯を注ぎます。全体が沈む量が目安です。
❺ ❹に塩と重曹を加えます。100mlの熱湯に塩、重曹各小さじ1が目安です。
❻ 10分ほどおきます。
❼ 水で洗います。
❽ 乾いた古布で、水分をよく拭きとり、乾かして仕上げます。

> ★ 訳者アドバイス
> **いぶしてあるアクセサリー**
> この方法は、全体のくもりをとるには向いていますが、デザインでいぶしてある部分のくもりもとれてしまうので注意してください。

こげつき

カーペットについた場合

○ 基本のシミぬき

サンドペーパー

❶ こげた部分に、サンドペーパーをかけ、シミを落とします。

● とれなければこの方法で

爪切り

❶ こげた部分を爪切りで、切ります。

> **著者アドバイス**
> **こげた部分が大きければ……**
> こげた部分が大きい場合は、家具を移動して隠してしまうという方法もあります。

家具などの木製品についた場合

○ 基本のシミぬき

油性の家具磨き　古布

❶ シミに家具磨きを塗ります。
❷ 30分ほどおきます。
❸ 古布で、シミを落とします。
❹ 乾いた古布で、磨きます。

● とれなければこの方法で

亜麻仁油　小豆粉　古布

❶ 亜麻仁油*と小豆粉*をまぜて、ペーストをつくります。亜麻仁油小さじ1に小豆粉小さじ1/2が目安です。
❷ シミに❶を塗ります。
❸ 古布で、❷を落とします。
❹ 乾いた古布で、磨きます。

> ★ 訳者アドバイス
> **亜麻仁油**
> 亜麻仁油は食用油として使われます。シックハウス対策に効果的な仕上げ剤として、家具にも使われています。

> ★ 訳者アドバイス
> **小豆粉**
> 原文は小豆粉ではなく、軽石の粉になっています。研磨剤としてアメリカでは広く使われているようですが、日本ではほとんど見かけません。日本で代用するものを考えて、スクラブ洗顔などに使う小豆粉としてあります。キズがつくといけないので、事前に目立たないところで試してから使います。

レンガ・石についた場合

○ 基本のシミぬき

酢　水　スポンジ

❶ 酢を含ませたスポンジで、シミを落とします。
❷ 水で洗います。

カビ / サビ / 金属の変色 / こげつき / 焼けこげ / スス / 壁の油ジミ

ビニールタイルについた場合

○ 基本のシミぬき

サンドペーパー

❶ シミに、サンドペーパーをかけます。

焼けこげ

洗える布についた場合

○ 基本のシミぬき

液体石けん　熱湯　漂白剤

❶ シミに液体石けんをたっぷりしみこませます。
❷ 熱湯に漂白剤*を加えて、いつも通りに洗濯します。

> ★ 訳者アドバイス
> **漂白剤**
> 漂白剤と書いてある場合は、塩素系ではなく酸素系漂白剤を使います。

● とれなければこの方法で

オキシドール　アンモニア

❶ オキシドールにアンモニアを溶かします。オキシドール 80mlにアンモニア数滴が目安です。
❷ シミに❶をたっぷりしみこませます。
❸ いつも通りに洗濯します。

> **オキシドールに注意**
> オキシドールは、色落ちの原因になることがあるので、必ず目立たないところで試してから使います。

■ それでもとれなければ……

スチールたわし

❶ スチールたわし*で、シミを落とします。

> **著者アドバイス**
> **スチールたわし**
> スチールたわしでこすると、シミは落ちても布が傷んだり、毛羽立ったりすることがあるので、力を入れずに作業してください。

> **オキシドールに注意**

> ★ **訳者アドバイス**
> **スチールたわし**
> スチールタワシとひと口にいっても、かなり硬いものから柔らかいものまで、さまざまです。壁などにキズをつけないためには、できるだけ細かくて柔らかいスチールタワシを使います。キズがついてしまいそうな場合は、スチールタワシではなく、柔らかいブラシなどを使うことをオススメします。

コットンや麻についた場合

○ 基本のシミぬき

オキシドール　古布　アイロン

❶ 古布にオキシドールをたっぷりしみこませます。
❷ 布の上に❶をおき、アイロンをかけます。

> **オキシドールに注意**

食べ物のシミ｜飲み物のシミ｜分泌物・排泄物のシミ｜文房具のシミ｜化粧品・薬品のシミ｜アウトドアのシミ｜その他のシミ

● とれなければこの方法で

タマネギ

❶ 切ったタマネギの切り口で、シミを落とします。
❷ いつも通りに洗濯します。

インテリアの布についた場合

○ 基本のシミぬき

お湯　グリセリン　水　古布

❶ お湯にグリセリンを溶かします。お湯小さじ1にグリセリン小さじ1が目安です。
❷ シミに❶をたっぷりしみこませます。
❸ 2時間ほどおきます。
❸ 水で洗います。
❹ 乾いた古布で、水分をよく拭きとり、乾かして仕上げます。

● とれなければこの方法で

お湯　ほう砂　水　古布

❶ お湯にほう砂★を溶かします。お湯500mlにほう砂大さじ1が目安です。
❷ ❶を含ませた古布で、シミを落とします。
❸ 水で洗います。
❹ 乾いた古布で、水分をよく拭きとり、乾かして仕上げます。

★ 訳者アドバイス
ほう砂 ▶ P.241

スス

洗える布についた場合

○ 基本のシミぬき

お湯　液体石けん　炭酸ナトリウム

❶ 布をたたくようにして、ススを落とします。
❷ お湯に液体石けんを溶かします。お湯250ccに液体石けん小さじ1が目安です。
❸ 布に❷をスプレーします。
❹ 炭酸ナトリウム★を加えて、いつも通りに洗濯します。

> ★ 訳者アドバイス
> **炭酸ナトリウム**
> 油汚れを落とす力は、重曹より優れていますが、アルカリ度が強い分、布などへのダメージも重曹より大きい炭酸ナトリウム。アメリカでは、洗浄力を高めるために、洗濯時に加えることがあります。直接肌につかないように気をつけます。また、子どもの手の届かない場所に保管するなどの注意も必要です。

● とれなければこの方法で

エタノール　炭酸ナトリウム　古布

❶ 消毒用エタノールを含ませた古布で、シミを落とします。
❷ 炭酸ナトリウム★を加えて、いつも通りに洗濯します。

> **消毒用エタノールに注意**
> 消毒用エタノールは、色落ちの原因になったり、布を傷めたりすることがあるので、必ず目立たないところで試してから使います。

縦書き見出し（左端）: スス / 壁の油ジミ / コールタール / 水あか / 水滴 / ロウソクのロウ / ヨード

ウールやシルクについた場合

○ 基本のシミぬき

お湯　液体石けん　エタノール　炭酸ナトリウム

古布

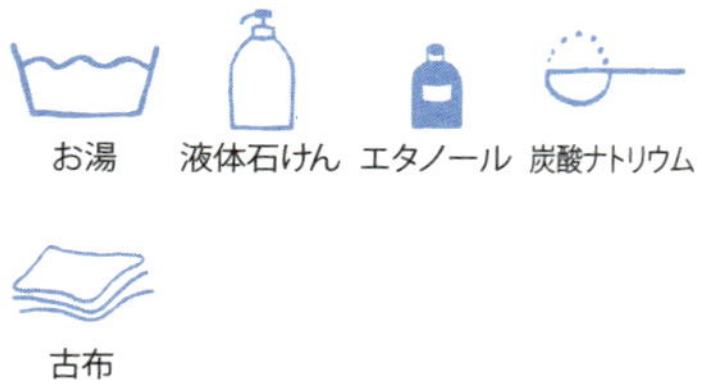

❶ 布をはたいて、シミを落とします。
❷ お湯に液体石けんを溶かします。お湯 250㎖ に液体石けん小さじ1が目安です。
❸ 布に❷をスプレーします。
❹ 炭酸ナトリウム★120㎖を加えて、いつも通りに洗濯します。

! 消毒用エタノールに注意

● とれなければこの方法で

エタノール　古布　炭酸ナトリウム

❶ 消毒用エタノールを含ませた布で、シミを落とします。
❷ 炭酸ナトリウム★120㎖を加えて、いつも通りに洗濯します。

★ 訳者アドバイス
炭酸ナトリウム ▶ P.251

カーペットについた場合

○ 基本のシミぬき

塩　掃除機

❶ カーペットに塩をまきます。
❷ 2時間ほどおきます。
❸ 掃除機で、シミを吸いとります。

インテリアの布についた場合

○ 基本のシミぬき

掃除機

❶ 掃除機で、シミを吸いとります。

● とれなければこの方法で

ワセリン　古布

❶ ワセリンを含ませた古布で、シミを落とします。

暖炉や薪ストーブのまわりの石についた場合

○ 基本のシミぬき

練りゴム

❶ 練りゴム★で、シミを落とします。

★ 訳者アドバイス
練りゴム
カスが出にくく、紙を傷めないので壁紙などのお手入れに向いています。

壁の油ジミ

壁紙についた場合

○ 基本のシミぬき

パン

❶ パンをちぎって丸めます。
❷ ❶で、シミをそっと落とします。

著者アドバイス
ライ麦パンや黒パンは NG
パンは、食パンやフランスパンの白い部分を使います。

食べ物のシミ｜飲み物のシミ｜分泌物・排泄物のシミ｜文房具のシミ｜化粧品・薬品のシミ｜アウトドアのシミ｜その他のシミ

コールタール

洗える布についた場合

○ 基本のシミぬき

エッセンシャルオイル　お湯　液体石けん
古布　当て布　コットン

❶ 古布で、固形物をもち上げるようにして静かにとりのぞきます。
❷ シミに当て布をして、そのまま裏返します。
❸ ローズマリーのエッセンシャルオイルを含ませたコットンで、シミの裏側からシミを落とします。
❹ お湯に液体石けんを溶かします。お湯 120㎖ に液体石けん小さじ 1/4 が目安です。
❺ ❹を含ませた古布で、シミを落とします。
❻ いつも通りに洗濯します。

カーペットについた場合

○ 基本のシミぬき

水　グリセリン　お湯　液体石けん
古布　スポンジ

❶ 古布で、固形物をもち上げるようにして静かにとりのぞきます。
❷ 水にグリセリンを溶かします。水大さじ1にグリセリン大さじ1が目安です。
❸ シミに❷を塗ります。
❹ 1時間ほどおきます。
❺ 古布で、シミを落とします。
❻ お湯に液体石けんを溶かします。お湯 250㎖ に液体石けん小さじ1が目安です。
❼ ❻を含ませた古布で、シミを落とします。
❽ 水を含ませたスポンジで、シミを落とします。
❾ 乾いた古布で、水分をよく拭きとり、乾かして仕上げます。

◎ やわらかいシミには……

氷　水　グリセリン　お湯
液体石けん　ビニール袋　スプーン　古布

❶ 氷を入れたビニール袋をコールタールに当てて、冷やし固めます。
❷ スプーンで、コールタールを静かに落とします。
❸ 水にグリセリンを溶かします。水大さじ1にグリセリン大さじ1が目安です。
❹ シミに❸を塗ります。
❺ 1時間ほどおきます。
❻ 古布で、シミを落とします。
❼ お湯に液体石けんを溶かします。お湯250ccに液体石けん小さじ1が目安です。
❽ ❼を含ませた古布で、シミを落とします。
❾ 水を含ませた古布で、シミを落とします。
❿ 乾いた古布で、水分をよく拭きとり、乾かして仕上げます。

車についた場合

○ 基本のシミぬき

亜麻仁油　古布

❶ シミに亜麻仁油★を塗ります。
❷ 30分ほどおきます。
❸ 古布で、シミを落とします。

> ★ 訳者アドバイス
> **亜麻仁油** ▶ P.247

プラスチックについた場合

○ 基本のシミぬき

亜麻仁油　古布

❶ シミに亜麻仁油★を塗ります。
❷ 30分ほどおきます。
❸ 古布で、シミを落とします。

水あか

シャワールームの壁についた場合

○ 基本のシミぬき

酢　お湯　スポンジ　古布

❶ 酢を温めて、シミにスプレーします。
❷ 15分ほどおきます。
❸ スポンジで、シミを落とします。
❹ お湯で洗います。
❺ 乾いた古布で、水分をよく拭きとり、乾かして仕上げます。

> **著者アドバイス**
> **スクイージー活用術**
> シャワーの後、スクイージーで壁の水滴を落としておくと、水あかはつきにくくなり、カビ予防にも有効です。

バスタブについた場合

○ 基本のシミぬき

酢　お湯　スポンジ　古布

❶ 酢を温めて、シミにスプレーします。
❷ 15分ほどおきます。
❸ スポンジで、シミを落とします。
❹ お湯で洗います。
❺ 乾いた古布で、水分をよく拭きとり、乾かして仕上げます。

水まわりについた場合

○ 基本のシミぬき

レモン

❶ 切ったレモンの切り口で、シミを落とします。

水滴

木のテーブルについた場合

○ 基本のシミぬき

古布

❶ 乾いた古布で、シミを落とします。

> **著者アドバイス**
> **コースターを使う**
> 湿気が完全になくなると、自然に水滴の跡も見えなくなることもあります。コースターを使うなど、テーブルに直接水がつかないようにするのもよいと思います。

プラスチックについた場合

○ 基本のシミぬき

マヨネーズ　古布

❶ シミにマヨネーズを塗ります。
❷ ひと晩おきます。
❸ 古布で、マヨネーズを拭きます。
❹ 乾いた古布で、よく磨きます。

● とれなければこの方法で

小豆粉　オリーブオイル　古布

❶ 小豆粉★にオリーブオイルをまぜて、ペーストをつくります。小豆粉大さじ3にオリーブオイル大さじ2が目安です。
❷ シミに❶を塗ります。
❸ 数分おきます。
❹ 古布で、シミを落とします。
❺ 乾いた古布で、よく磨きます。

食べ物のシミ

飲み物のシミ

分泌物・排泄物のシミ

文房具のシミ

化粧品・薬品のシミ

アウトドアのシミ

その他のシミ

著者アドバイス
オリーブオイルがなければ……
オリーブオイルがなければ、マヨネーズ、植物油などで代用します。

力を入れずに
つい力を入れてこすりたくなりますが、研磨効果のある小豆粉を使っているので、力を入れずに作業をします。そうしないと、テーブルにキズがついてしまいます。

★ 訳者アドバイス
小豆粉を ▶ P.247

花瓶の内側についた場合

○ 基本のシミぬき

氷　　酢　　水

❶ 砕いた氷を、花瓶の半分くらいまで入れます。
❷ 氷がかぶるくらい酢を注ぎます。
❸ 花瓶をゆすります。
❹ ひと晩おきます。
❺ 中身を捨て、水で洗います。
❻ よく乾かして仕上げます。

ウールやシルクについた場合

○ 基本のシミぬき

水　　やかん

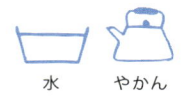

❶ やかんに水を入れて、沸騰させます。
❷ シミに蒸気を当てて、シミを落とします。

洗えない布についた場合

○ 基本のシミぬき

水　　やかん

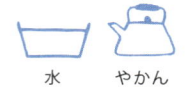

❶ 布の洗濯表示で、温度制限がないことを確認します。
❷ やかんに水を入れて、沸騰させま

す。
❸ シミに蒸気を当てて、シミを落とします。

皮革製品についた場合

○ 基本のシミぬき

水　スポンジ

❶ 水を含ませたスポンジで、シミを落とします。

スエードについた場合

○ 基本のシミぬき

スエードブロック

❶ スエードブロック*で、シミを落とします。

★ 訳者アドバイス
スエードブロック
スエードをはじめとする起毛素材のための消しゴム状の汚れおとしです。スエードラバー、ガムベロアなどいろいろな名称で出ていますが、スエードの汚れを落とす消しゴム状のクリーナーというと通じるようです。

ロウソクのロウ

洗える布についた場合

○ 基本のシミぬき

氷　植物油　クレジットカード　茶色の紙

アイロン　古布

❶ ロウの上に、氷を入れたビニール袋をおき、ロウを冷やし固めます。
❷ ロウが固まったら、布を折りまげながら、ロウをとりのぞきます。
❸ クレジットカード*で、ロウを落とします。
❹ 布の上下を茶色の紙*ではさみ、中温でアイロンをかけます。
❺ 茶色い紙にロウがつかなくなるまで、❹をくり返します。
❻ ロウに植物油をたっぷりしみこませます。
❼ 古布で、ロウを落とします。
❽ いつも通りに洗濯します。

著者アドバイス
クレジットカードでロウをはぎとる

クレジットカードでロウをはぎとる時は、繊維の中にロウを押しこまないように気をつけます。

★ 訳者アドバイス
クレジットカード

現在使っているクレジットカードを使うという話ではもちろんありません。いらなくなったクレジットカードやメンバーズカードのような薄いプラスチックカードを使うと、固形物などがうまくこそげ落とせるので、ここでは便宜上「クレジットカード」と書いてあります。クレジットカードがない場合は、切れすぎないナイフや爪を使うとよいでしょう。

茶色の紙

筆者が「茶色の紙」といっているのは、印刷もなにもない紙という意味だと思います。アイロンをかけるので、印刷をしてあるとインクが溶けて逆にインクのシミができてしまう心配がありますし、ビニールコーティングなどの加工があると、アイロンの熱でコーティングの素材が溶ける可能性があるからです。
日本で手に入りやすいのは、茶封筒や茶色い包装紙かもしれません。

● とれなければこの方法で

お湯　液体石けん

❶ お湯に液体石けんを溶かします。お湯120mlに液体石けん小さじ1が目安です。
❷ ❶に布をつけおきします。
❸ いつも通りに洗濯します。

■ それでもとれなければ……

エタノール　古布

❶ 消毒用エタノールを含ませた古布で、シミを落とします。
❷ いつも通りに洗濯します。

> **消毒用エタノールに注意**
> 消毒用エタノールは、色落ちの原因になったり、布を傷めたりすることがあるので、必ず目立たないところで試してから使います。

◘ どうしてもとれなければ……

オキシドール　古布

❶ シミにオキシドールをたっぷりしみこませます。
❷ 15分ほどおきます。
❸ 古布で、シミを落とします。
❹ いつも通りに洗濯します。

> **オキシドールに注意**
> オキシドールは、色落ちの原因になることがあるので、必ず目立たないところで試してから使います。

カーペットについた場合

○ 基本のシミぬき

氷　液体石けん

クレジットカード　茶色の紙　アイロン　古布

❶ ロウの上に、氷を入れたビニール袋をおき、ロウを冷やし固めます
❷ ロウが固まったら、布を折りまげながら、ロウをとりのぞきます。
❸ クレジットカード*で、ロウを落とします。

❹ カーペットの上に茶色の紙★をおき、中温でアイロンをかけます。
❺ ロウをもち上げるようにして茶色の紙をもち上げ、ロウをとります。
❻ 茶色い紙にロウがつかなくなるまで、❺をくり返します。
❼ 液体石けんをたっぷり含ませた古布で、シミを落とします。
❽ 古布で、シミを落とします。
❾ 乾いた古布で、水分をよく拭きとり、乾かして仕上げます。

著者アドバイス
液体石けんは必ず古布に含ませる
カーペットの裏に浸透すると、裏側を傷めることがあるので、液体石けんは必ず古布に含ませて落とします。

**クレジットカードで
ロウをはぎとる ▶ P.260**

**★ 訳者アドバイス
クレジットカード ▶ P.260**

茶色の紙 ▶ P.260

● **とれなければこの方法で**

エタノール　古布

❶ 消毒用エタノールを含ませた古布で、シミを落とします。

> **消毒用エタノールに注意**
> 消毒用エタノールは、色落ちの原因になったり、布を傷めたりすることがあるので、必ず目立たないところで試してから使います。

インテリアの布についた場合

○ 基本のシミぬき

氷　液体石けん

クレジットカード　アイロン　茶色の紙　古布

❶ ロウの上に、氷を入れたビニール袋をおき、ロウを冷やし固めます
❷ ロウが固まったら、布を折りまげながら、ロウをとりのぞきます。
❸ クレジットカード★で、ロウを落とします。
❹ 布の上下を茶色の紙ではさみ、中温でアイロンをかけます。
❺ ロウをもち上げるようにして茶色

の紙★をもち上げ、ロウをとります。

❻ ロウのついた部分がカーペットにあたらないように気をつけながら、茶色い紙にロウがつかなくなるまで、❺をくり返します。

❼ 液体石けんをたっぷり含ませた古布で、シミを落とします。

❽ 古布で、シミを落とします。

❾ 乾いた古布で、水分をよく拭きとり、乾かして仕上げます。

> 著者アドバイス
> **クレジットカードで**
> **ロウをはぎとる** ▶ P.260

> ★ 訳者アドバイス
> **クレジットカード** ▶ P.260
>
> -----
>
> **茶色の紙** ▶ P.260

● とれなければこの方法で

エタノール　古布

❶ 消毒用エタノールを含ませた古布で、シミを落とします。

⚠ **消毒用エタノールに注意**

塗装のしてある木についた場合

○ 基本のシミぬき

お湯　マーフィーオイルソープ

クレジットカード　ヘアドライヤー　古布

❶ クレジットカード★で、ロウをできるだけ落とします。

❷ ヘアドライヤーを当てて、シミを柔らかくします。

❸ お湯にマーフィーオイルソープ★を溶かします。お湯4ℓにマーフィーオイルソープ65〜125㎖が目安です。

❹ ❸を含ませた古布で、シミを落とします。

❺ 乾いた古布で、水分を拭きとり、磨いて仕上げます。

> 著者アドバイス
> **クレジットカードで**
> **ロウをはぎとる** ▶ P.260

> ★ 訳者アドバイス
> **クレジットカード** ▶ P.260

ヨード★

洗える布についた場合

○ 基本のシミぬき

お湯

❶ シミにお湯をたっぷりしみこませます。
❷ 日に当てて、乾かします。
❸ いつも通りに洗濯します。

> **著者アドバイス**
> **湯気に当てる方法も**
> 日に当てるかわりに、やかんに水を入れて沸騰させ、シミに湯気を当てても効果があります。

> **★ 訳者アドバイス**
> **マーフィーオイルソープ**
> 昔からアメリカで使われてきた木製品用の洗剤です。もともとは、ドイツの植物油を原料にした石けんをベースにつくられたものだそうです。つくりはじめたのはエレミア・マーフィーさんという人ですが、今は歯磨き粉などで知られるコルゲート・パルモリーブ社が製造販売しています。
>
> 残念ながら日本では正式には販売されていないようですが、輸入洗剤を扱う雑貨店などで見かけます。日本では木製の床というと、水でぬらさないことが大切といわれるので、素人では洗えないのかと思われがちで、床はハウスクリーニング業者に依頼するという人も多いのではないでしょうか。マーフィーオイルソープのように塗装がしてある木製品なら洗えるという洗剤が、日本でも普及するといいなぁと思います。

> **★ 訳者アドバイス**
> **ヨード**
> 消毒薬に使われるヨードは、ヨウ素ともいわれる黒紫色の元素です。ヨード本来の色のせいでしょう。ヨードの入ったうがい薬やヨードチンキは濃い褐色です。ここでいうヨードのシミは、ヨードの入ったうがい薬やルゴール液、ヨードチンキ液などのシミをさしているようです。

● とれなければこの方法で

お湯　液体石けん　水　古布

❶ お湯に液体石けんを溶かします。お湯 250㎖ に液体石けん小さじ 1 が目安です。
❷ シミに❶をたっぷりしみこませます。
❸ 古布で、シミを落とします。
❹ 水で洗います。
❺ いつも通りに洗濯します。

■ それでもとれなければ……

エタノール

❶ シミに消毒用エタノールをたっぷりしみこませます。
❷ いつも通りに洗濯します。

> **消毒用エタノールに注意**
> 消毒用エタノールは、色落ちの原因になったり、布を傷めたりすることがあるので、必ず目立たないところで試してから使います。

❏ どうしてもとれなければ……

漂白剤

❶ シミに漂白剤をたっぷりしみこませます。
❷ いつも通りに洗濯します。

> **★ 訳者アドバイス**
> **漂白剤** ▶ P.248

正体不明のシミ

洗える布についた場合

○ 基本のシミぬき

炭酸水　お湯　液体石けん　スポンジ

❶ 炭酸水を含ませたスポンジで、シミを落とします。
❷ お湯に液体石けんを溶かします。お湯 120㎖ に液体石けん小さじ 1 が目安です。
❸ シミに❷をたっぷりしみこませます。
❹ いつも通りに洗濯します。

壁紙についた場合

○ 基本のシミぬき

パン

❶ パンを丸めます。
❷ ❶で、シミを静かに落とします。

著者アドバイス
ライ麦パンや黒パンは NG
▶ P.253

● とれなければこの方法で

練りゴム

❶ 練りゴムで、シミを落とします。

★ 訳者アドバイス
練りゴム ▶ P.253

■ それでもとれなければ……

水　重曹　スポンジ　古布

❶ 水を含ませて重曹をつけたスポンジで、シミを落とします。
❷ 水を含ませたスポンジで、シミを落とします。
❸ 乾いた古布で、水分をよく拭きとり、乾かして仕上げます。

> **著者アドバイス**
> **重曹がなければ……**
> 重曹がなければ、ジェルではない歯磨き粉で代用します。研磨剤として使うので、ジェルタイプの歯磨きでは効果が期待できません。

カーペットについた場合

○ 基本のシミぬき

炭酸水　古布

❶ シミに炭酸水をたっぷりしみこませます。
❷ 古布で、シミを落とします。
❸ 乾いた古布で、水分をよく拭きとり、乾かして仕上げます。

● とれなければこの方法で

酢　塩　古布

❶ 酢に塩を溶かします。酢120mlに塩大さじ2が目安です。
❷ シミに❶をたっぷりしみこませます。
❸ 古布で、シミを落とします。
❹ 乾いた古布で、水分をよく拭きとり、乾かして仕上げます。

■ それでもとれなければ……

酢　塩　ほう砂　古布

❶ 酢に塩とほう砂＊を溶かします。酢120mlに塩大さじ2、ほう砂大さじ2が目安です。
❷ シミに❶をたっぷりしみこませます。
❸ 乾いた古布で、水分をよく拭きとり、乾かして仕上げます。

著者アドバイス
正体不明のものは
シャーロック・ホームズにお任せ

シミは、洗濯機に入れる前に、まずは正体をつきとめる努力を。衣類なら、「誰がつけたシミか」を考えることから始めます。これは誰の洋服？ もち主はどこに行っていたの？ その時飲んだり食べたりしたものは？ などの情報を集めて、シミの正体をつきとめます。

次に、シミの色や繊維の種類、シミの状態をチェックします。このあいだ出たパイ食べ競争でついたシミでは？ だとすると果物！ 黒っぽいけど、ザラつきはなくて、しみこんでいる？ ということは油か油と土にちがいない……とか。

どのシミも、謎を解く鍵は忍耐です。謎が解ければ、多くのシミはうまく落とすことができるのですから。

★ 訳者アドバイス
ほう砂 ▶ P.241

ラッカー

洗える布についた場合

○ 基本のシミぬき

ノンオイル除光液　水

❶ シミのついた面を下にして、当て布をします。
❷ シミの裏からノンオイル除光液★をシミにしみこませます。
❸ 水で洗います。
❹ いつも通りに洗濯します。

> **除光液に注意**
> 除光液は、色落ちの原因になったり、布を傷めたりすることがあるので、必ず目立たないところで試してから使います。

★ 訳者アドバイス
ノンオイル除光液

アセトンの除光液は、爪の保護のために油が配合されていることがあります。アセトンフリーの除光液の中には、オイルも入っていないオイルフリーの除光液も出ているようです。シミぬきには、油分が入っていると、逆にシミになる可能性があるので、ノンオイル除光液が安心です。目立たないところで試してから使います。

カーペットについた場合

○ 基本のシミぬき

ノンオイル除光液　水　液体石けん　古布

❶ 古布で、シミを落とします。
❷ ノンオイル除光液★を含ませたコットンで、シミを落とします。
❸ 水に液体石けんを溶かします。水120mlに液体石けん小さじ1/4が目安です。
❹ ❸を含ませた古布で、シミを落とします。
❺ 水を含ませた古布で、シミを落とします。
❻ 乾いた古布で、水分をよく拭きとり、乾かして仕上げます。

! **除光液に注意**

著者アドバイス
除光液を直接かける

スプーンで、シミに除光液をかけ、コットンや古布で、軽くたたいても効果的です。

● とれなければこの方法で

アセトン　水　液体石けん　オキシドール

コットン　スポンジ　古布

❶ アセトンを含ませたコットンで、シミを落とします。
❷ 水に液体石けんを溶かします。水120mlに液体石けん小さじ1/4が目安です。
❸ ❷を含ませたスポンジで、シミを落とします。
❹ オキシドールを含ませた古布で、シミを落とします。
❺ 水を含ませた古布で、シミを落とします。

| 正体不明のシミ | ラッカー | 漂白剤 |

❻ 乾いた古布で、水分をよく拭きとり、乾かして仕上げます。

> **アセトン、オキシドールに注意**
> オキシドールやアセトンは、色落ちの原因になったり、布を傷めたりすることがあるので、必ず目立たないところで試してから使います。

タイルについた場合

○ 基本のシミぬき

ノンオイル除光液　水　液体石けん
クレジットカード　コットン　古布　スポンジ

❶ クレジットカード*で、シミを落とします。
❷ ノンオイル除光液*を含ませたコットンで、シミを落とします。
❸ 水に液体石けんを溶かします。水120mlに液体石けん小さじ1/4が目安です。
❹ ❸を含ませた古布で、シミを落とします。
❺ 水を含ませたスポンジで、シミを落とします。
❻ 乾いた古布で、水分をよく拭きとり、乾かして仕上げます。

> **除光液に注意**
> 除光液は、色落ちの原因になったり、布を傷めたりすることがあるので、必ず目立たないところで試してから使います。

★ 訳者アドバイス
クレジットカード ▶ P.260

ノンオイル光液 ▶ P.269

ワックスをかけた床についた場合

○ 基本のシミぬき

ノンオイル除光液　水　液体石けん
クレジットカード　コットン　古布　スポンジ

❶ クレジットカード*で、シミを落

とします。

❷ ノンオイル除光液★を含ませたコットンで、シミを落とします。

❸ 水に液体石けんを溶かします。水250mlに液体石けん小さじ1が目安です。

❹ ❸を含ませた古布で、シミを落とします。

❺ 水を含ませたスポンジで、シミを落とします。

❻ 乾いた古布で、水分をよく拭きとり、乾かして仕上げます。

> **除光液に注意**

> ★ 訳者アドバイス
> **クレジットカード** ▶ P.260
>
> ----
>
> **ノンオイル除光液** ▶ P.269

漂白剤

洗える布についた場合

○ 基本のシミぬき

水

❶ 水で洗います。

● とれなければこの方法で

染料

❶ 色の抜けた部分にできるだけ近い色の染料を買ってきます。

❷ 色が抜けた部分に染料を押しつけ、布を染めます。

❸ 乾かして、仕上げます。

訳者あとがき

本は、著者と翻訳者だけではできません。編集者をはじめ、わかりやすさをアップしてくれるイラストレーター、本の第一印象を決める装丁家や本文をきれいに組んでくれるデザイナー、印刷会社や製本所の方など、いろいろな人の力が集まって、一冊の本ができあがります。もちろんこの本も例外ではありません。

『汚れおとし大事典』を一緒につくった敏腕編集者のT女史。少しでも読んでくださる方の役に立つようにと、彼女は毎回、説明不足やわかりにくい部分を指摘してくれます。その彼女の疑問や注文に応えるのは、自分で書いた『汚れおとし大事典』の時でさえかなりの大作業でした。

ところが、今回の『シミぬき大事典』は翻訳。アメリカと日本の状況が違うこともあり、恐るべき大作業が待っていました。

はじまりはT女史からのこんな電話でした。

「コーンスターチで吸いとったシミは日に当てて乾かすって書いてあるでしょ。でも、重曹を使った時は日に当てるって書いていないじゃない？　これはどうしてかしら？」

どういう場合に日に当て、どういう場合に日に当ててはいけないのか、わかりにくいというのです。そして、その後も彼女の指摘はとまりませんでした。

「ここ、分量がぬけているけど……」

「この材料って、日本で手に入るのかしら？」

「ここは古布で水分を拭きとらなくて、いいの？」
日本とアメリカの違いや、レシピの不明点を書きだしているうちに、恐ろしく長い質問リストができあがりました。
それらの疑問に答えるべく、翻訳作業を中止して、著者に確認し、インターネットで調べ、日本のメーカーに電話をし、参考になりそうな本を調べ……私は答えを探しつづけました。
あちこち探しているうちに、たくさん「？」マークがついていた原稿も、いつしか、根拠のある分量や説明で埋まっていきました。
見つけた答えは訳者アドバイスとして載せてあります。こうして疑問点をつぶしていくうちに、訳者アドバイスは増えつづけ、できあがってみれば、またしても、なんだか分厚い本になってしまいました。
「情報量は、オリジナルの1.5倍くらいはあるかもねぇ」
さすがにT女史も苦笑い。
でも、おかげでできた本は、日本でもちゃんと使える本になったのではないかと思っています。
日米のシミぬき事情の違いも楽しんでいただき、同時に
「あきらめていたシミが、この本のレシピで落ちたわ！」
そんな声を聞かせていただけることを期待しつつ……。

2008年7月　　　　　　　　　　　　　　　　　　　佐光 紀子

50音順索引

あ
アイシャドー	186
アイスクリーム	83
赤ちゃんのミルク	140
赤ワイン	96
アクリル塗料	223
汗	136
油絵の具	171
油のまざった泥	209
アルコール飲料	103

い
イチゴ	65

え
鉛筆	169
エンジンオイル	229

お
嘔吐物	138

か
カビ	232
花粉	204
壁の油ジミ	253
ガム	91
カレー	45

き
キャンディ	88
牛乳	116
キャスターの跡	216
金属の変色	244

く
草の汁	205
薬	199
口紅	182
靴磨き用クリーム	200
クリームスープ	47
車のグリース	211
グレイビーソース	57
クレヨン	166

け
ケチャップ	69
血液	132

こ
香水	197
紅茶	111
コーヒー	106
コーラ	119
コールタール	254
こげつき	246
粉ジュース	129

さ
サインペンのインク	154
サビ	236

し

シール	178
ジャム	74
正体不明のシミ	266
しょうゆ	80
シロップ	94
白ワイン	99

す

水彩絵の具	173
水性マーカー	158
水滴	257
スス	251
ステーキソース	53
スポーツドリンク	121

せ

接着剤	175

そ

ソフトドリンク	117

た

ダークチョコレート	86
卵	42

ち

チーク	190
チョーク	180
チョコレートアイスクリーム	83

て

手あか	145
転写シール	179

と

飛びちったペンキ	221
トマト	68
トマトジュース	124
トマトスープ	49
トマトソース	50
鳥の糞	227
泥	207

に

肉汁	60
尿	142

の

糊	176

は

バーベキューソース	55
ハエの糞	229
パスタソース	51
バター	77

ひ

ビーツ	67
ビール	100
日焼け止め	196

漂白剤	271

ふ

ファンデーション	183
フルーツ	62
フルーツアイスクリーム	85
フルーツジュース	126

へ

ペットの尿	146
ペットの嘔吐物	148
便	144
ペンキ	218

ほ

ボールペンのインク	150

ま

マーガリン	78
マスカラ	188
マスタード	71
マニキュア	193
万年筆のインク	156

み

水あか	256
ミルクチョコレート	85

や

焼けこげ	248

ゆ

油性マーカー	163
油性マジック	165

よ

汚れの首輪	138
ヨーグルト	82
ヨード	264

ら

ラッカー	268
ラテックス塗料	225

ろ

ロウソクのロウ	260

デボラ・マーティン
Deborah L. Martin

アメリカ、インディアナ州生まれ。毎年夏を過ごした祖父母の農場でシミぬきに興味を持ちはじめる。その後、数々の実験をくり返しながらレシピを構築。出版社に編集者として勤務し、健康、料理、環境などをテーマに単行本の出版にも携わる。特にガーデニングには造詣が深く、ゴミを堆肥にするコンポストや庭に野鳥をよぶ方法など、自然の中での暮らしに関する著作が多い。主な著書に「Best-Ever Backyard Birding Tips」、「1001 Ingenious Gardening Ideas」(以上、Rodale Press Inc.) などがある。現在は、夫と2人の息子、猫のロキシーとともに、ペンシルベニア州アレンタウン在住。

佐光紀子
Noriko Sakoh

翻訳家・ナチュラルライフ研究家
繊維メーカーなどで企業翻訳や企業動向調査に携わった後、フリーの翻訳者に。『天使は清しき家に舞い降りる』(集英社)の翻訳を機にナチュラルな素材を使ったシンプル家事にめざめ、日本の生活にあった安全で誰にでもかんたんにできる掃除を提唱した『ナチュラル・クリーニング』(ブロンズ新社)を上梓。
家族は夫と子ども3人に犬1匹。自分も家族も心地よい毎日を過ごしたいという思いから「もっとラクチンに暮らす工夫」を日々模索中。
著書に『やめたら、お家スッキリ！』(大和出版)、『ナチュラル・ランドリー』、『汚れおとし大事典』(以上、ブロンズ新社)、翻訳書に『重曹で暮らすナチュラル・ライフ』(ピーター・キウロ著)、『酢で暮らすナチュラル・ライフ』(メロディー・ムーア著)、(以上、ブロンズ新社)、『僕たちは、自由だ！』(クレイグ・キールバーガー著　本の泉社) などがある。
http://www.katoko.com

シミぬき大事典
Natural Stain Removal Secrets

2008年 9月25日　初版第1刷発行

著　者　デボラ・マーティン
訳　者　佐光紀子

カバーデザイン　坂川事務所
イラスト　宇田川一美

発行者　若月眞知子
編集者　高野直子
発行所　㈱ブロンズ新社
　　　　東京都渋谷区神宮前6-31-15-3B
　　　　03-3498-3272
　　　　http://www.bronze.co.jp/

印刷所　吉原印刷
製本所　田中製本印刷

Copyright © 2007 Fairwinds Press
Translation Copyright © 2008 Noriko Sakoh
ISBN978-4-89309-444-5 C0077

ブロンズ新社の
ナチュラル・ライフシリーズ

ナチュラル・クリーニング
佐光紀子／著

ナチュラル・ランドリー
佐光紀子／著

ナチュラルに暮らす70の方法
佐光紀子／著

赤ちゃんと暮らすナチュラル・クリーニング
佐光紀子／著

汚れおとし大事典
佐光紀子／著

重曹で暮らすナチュラル・ライフ
ピーター・キウロ／著　佐光紀子／訳

酢で暮らすナチュラル・ライフ
メロディー・ムーア／著　佐光紀子／訳

塩で暮らすナチュラル・ライフ
パティ・ムースブラガー／著　佐光紀子／訳

キッチンでつくる自然化粧品
小幡有樹子／著

キッチンでつくる自然化粧品　和のレシピ
小幡有樹子／著

キッチンでつくる自然化粧品　エステ&スパ
小幡有樹子／著

ファミリーのデイリーケア
小幡有樹子／著

じぶんでつくるクスリ箱
南恵子／レシピ提供・監修

きれいになること
廣瀬裕子／著

Aloha を見つけに
廣瀬裕子／著